Falle Psychiatrie

ERNST-GÜNTER HAMANN

Fall(e) Psychiatrie

Autobiografisches und mehr

Bibliografische Information der Deutschen Nationalbibliothek:
Die Deutsche Nationalbibliothek verzeichnet diese Publikation in der
Deutschen Nationalbibliografie;
detaillierte bibliografische Daten sind im Internet über
http://dnb.d-nb.de abrufbar.

© 2017 Ernst-Günter Hamann
Satz, Umschlaggestaltung, Herstellung und Verlag:
BoD- Books on Demand
ISBN: 978-3-7431-3517-8

Meine Schwester Anke, nach mir ebenso vom Vater Ernst und Psychiatern bzw. Neurologen psychiatrisiert und zu Neuroleptika genötigt, starb 1996, 45-jährig, an Brustkrebs.

»Das Vorkommen von Brustkrebs, … war bei den psychiatrischen Patientinnen … 9,5 mal höher, als man es von der Durchschnittsbevölkerung berichtet.« (»Schöne Neue Psychiatrie« von Peter Lehmann, 1996, Seite 52, Band 2.)

Medikamenten-Studien wurden (werden?) an Männern durchgeführt, im Allgemeinen. Auch meine Mutter Erna musste wegen Herzproblemen jahrzehntelang viele Medikamente schlucken und starb im Dezember 1983, 57-jährig, circa vier Monate vor meinem ersten »Anlass«-Delikt. »Dabei verkennt die Kammer nicht, dass die Tat von Herrn Hamann … soweit er ein Sexualdelikt versucht haben sollte, von diesem strafbefreiend zurückgetreten ist.« Landgericht Lübeck 1999: »Nötigung tateinheitlich mit einer Bedrohung.« Höchststrafe bei Nötigung maximal drei Jahre. Knapp 14 Jahre wurden es. Für nicht begangene erhebliche Straftaten wird man geschlossen untergebracht (»… zu erwarten«), stigmatisiert. Ärzte können gar nichts verkehrt machen, nicht »die Hand ins Feuer legen«. Da gibt es Rezepte, das macht sich auch ganz gut und »spricht von Kompetenz«. »Was, Sie haben Probleme mit Depressionen (beschriebene [Neben]-Wirkung bei Neuroleptika, Nervenlähmungsmittel), da haben wir was für Sie!« Und so weiter. »Schöne N. Ps.« (s.o.), Seite 297, »… 17-fach erhöhtes Infarktrisiko …« Betreffs Antidepressiva. Und, wie jüngst berichtet, kontraproduktiv, gesteigerte Selbstmordrate.

Apropos »Nötigung« 1984: Seit meinem ersten Kontakt bzw. Aufenthalt in der Psychiatrie 1977 hörte ich bis 1985 Stimmen (Halluzinationen), nur wenn ich alleine war, und zwar öfter penetrant, wie auch im April 1984. Brauchte Gesellschaft und war sexuell »demoralisiert« (ersparen Sie mir Genaueres), kaum Geld (für Bierchen reichte es noch) für Prost, bedrohte eine Frau mit einem Küchenmesser in meiner kleinen, ärmlichen Wohnung. »Zieh dich aus«, forderte ich. Sie sprang gegen das Fenster und prallte zurück halb auf die Matratze. »Hau ab; geh, das ist besser so!« Legte das Messer weg und schloss ihr die Wohnungstür auf (kam ihr unbewaffnet »auf Tuchfühlung« nahe). Sie zeigte mich drei Tage später an, und ich gestand nahezu übereinstimmend. Die Tat war ein Fehler (= 14 Jahre). 2002 vom Oberlandesgericht wegen Unverhältnismäßigkeit (erledigt) beendet. Keine Führungsaufsicht, wie sonst die Regel, »Cannabis-Abhängigkeit« zum Trotz. Januar 2004 Cannabis das letzte Mal, auch wegen eines weiteren Deliktes (2.) April 2004: Dr. med. H. Lorenzen 13.8.2014: »Hr. H. weiche trotz seiner Psychose vor der Ausführung aggressiver Handlungen zurück«, und zitiert Dr. Lotze: »… hat Herr Hamann eben nicht konkrete Gewalt ausgeübt«, bezüglich beider Delikte, die zu der jeweiligen Unterbringung führten … zu 2: Mir drohte die Obdachlosigkeit und (2004) war alkoholisiert. Randaliert. Stand 2015: Seit 2004 alkoholabstinent. Bei verlängerter medikamentierter endloser Führungsaufsicht. Nicht ohne Gründe gibt es Höchststrafen bestimmter Delikte. Man hat ein Recht auf Rechtssicherheit, entgegen Willkür und Maßlosigkeit der »Maßregel«. Es kann doch nicht egal sein, wie weit jemand geht.

Nicht ich, sondern Ärzte und mein Vater (und Richter) haben zuerst Nötigungen in meinem Fall angebracht (zugegeben war vorher »weiß Gott nicht« ein Engel), misshandelten mich mit Chemikalien. »Sie wollen doch entlassen werden« und: »Sonst geht's ins Krankenhaus!« Das war »vorbildlich«

legal. Man spricht auch vom »akademischen Bündnis«, med.-jur. Und schließlich: Der Arzt muss es wissen, und auch Sozialdienste »heulen mit den Wölfen«.

Und was ist, wenn man die Diagnose bzw. Prognose »gefährlich« annimmt, für sich annimmt? Das wird ja immer wieder gesagt (eingeredet); möglicherweise kontraproduktiv. Den Schuh (notorischer) »Vergewaltiger«, »Gewalttäter« ziehe ich mir jedenfalls nicht an!

Apropos »sexistisch«: Mein Gutachter von (200–2002?) Dr. Andreas Hill, Oberarzt vom UKE Hamburg, sprach sich für eine Thematisierung von Sexualität aus.

Thema »Verhältnismäßigkeit«: So ist es zum Beispiel im Fußball, Körperverletzung(en) haben maximal Platzverweis und eine Spielsperre zur Folge, (vorbildlich).

Von wegen »Körperverletzung«, die keine war, warf ich die Kombizange »lediglich demonstrativ nur« die Treppenschlucht hinab, zielte nicht auf meinen vermeintlichen Kontrahenten. Zugegeben war das auch gefährlich, das muss ich eingestehen. Aus Fehlern lernt man.

Hauptsache ruhigstellen, das ist die Psychiatrie, aber Beschäftigung erwarten. »Hü, hott!« (Im Grunde egal.) – Macht korrumpiert, auch gibt es viele Diebstähle, die nur vom Personal begangen sein konnten. »Strafe muss sein!« April bis Mai 2004 bringt mich ein Gefangenen-Transporter vom Krankenhaus Ochsenzoll zur Staatsanwaltschaft Hamburg und zurück. Einmal kommt es zur Vollbremsung – knallte unangeschnallt (nicht vorhanden) mit dem Kopf gegen die Metallwand – das Gleiche bei einem ruckartigen Anfahren. 2005 beim Anstalts-Zahnarzt: Er setzt die Betäubungsspritze an, keine zwanzig Sekunden später: »So, dann wollen wir mal«, und zieht den Zahn: Höllische Schmerzen!

Austauschbare Batterien für E-Autos (Ladestationen).

Man filmt bzw. fotografiert (heimlich) Schlüssel, z.B. bei Gebrauch, und kann somit eine Kopie nachmachen.

So wie ein Floß, integrierte, »mass«ive Schwimmkörper in Schiffen. Kinderarbeit-Boykott ist bis tödlich kontraproduktiv. Wer leistet den Lebensunterhalt geschweige denn die Schule.

Theorie: DRUCK-HITZE-KÄLTE-TAUSCH-GENERATOR: Luft wird in einem Zylinder komprimiert. Die dabei entstehende Hitze wird wärmegetauscht. Danach der Kolben zurückgefahren, bis zum Druckausgleich. Kalte Luft bleibt zurück und wird substanziell entnommen, gegen »normale« Luft ausgewechselt. »Energieerhaltungsgesetz« (+-Kalorien) Dann der Kolben am Ende des Zyklus an den Ausgangspunkt retour. Und der Prozess von Neuem.

Das Patentamt ca. 2000: »Das ist nicht neu.« Im Buch soundso Seite soundso sei es bereits beschrieben (man kann das als Bestätigung werten).

»Wenn Sie stillhalten, tut die Spritze nicht weh«, ein Pfleger der »Weißen Wolke« mit der Stichwaffe in der Hand, nachdem ich zuvor sie verweigerte. »Möchte den Arzt sprechen.« Wurde gleich isoliert; kein Arzt, sondern die Pfleger-Mannschaft trat an.

Ein anderes Mal beim Lunge-Röntgen (Thorax) legte mir die Schwester den Bleigurt vorne an, nicht wie schützend hinten, woher die Strahlen kommen, mit meiner Vorderseite vor der Bildplatte.

Noch ein anderes Mal brach ich die Prozedur wegen schrecklichem Lärm ab, mich verbal wiederholend, ohne mich zu rühren. Es dauerte eine ganze Weile, bis sie dem folgte. Die mich begleitenden zwei Pfleger berichteten fälschlich: »Hamann drohte die Apparatur zu zerstören!« Wie ich später hörte, wurde der maßgebliche Pfleger disziplinarisch auch in anderen Fällen strafversetzt. Betreffs Schnarchen in Gemeinschaftszimmern bzw. -zellen. In einer Drei-Mann-Zelle nachts bei Einschluss schlug einer meiner Mitpatienten den anderen, was sich kaum änderte, und mich wach, konnte tagelang sehr schlecht schlafen. Im zweiten Fall beklagte sich in der Tagesgemeinschaft einer über mein Schnarchen (kann auch eine Nebenwirkung bei Neuroleptika sein). Ein anderer (anderes Zimmer) dazu: »Dem würde ich die Luft nehmen!« In anderer Patientenkonstellation drohte einer einem Dritten: »Wenn du schnarchst, verpasse ich dir Zahnpasta in Nase und Mund!« (lebensgefährlich).

X-mal auf dem »Sack der Iso-Zelle« (auch wegen mehrerer Entweichungen aus dem halboffenen Bereich). Kein Rauchen, und die Toilettenspülung ließ sich nur vom Flur aus betätigen; bei verriegeltem Fenster reagierte man nur sehr selten auf die Klingel, und es fing an entsetzlich zu stinken.

So alles geschehen in der forensischen Abteilung Neustadt Ost-Holstein 1989 bis 2002. In dieser Zeit wurde ich dreimal von verschiedenen Mitpatienten gegen den Kopf geschlagen.

Und das alles wegen einem Bewährungswiderruf (1989), ohne erneut kriminell zu werden; Auflagenverstoß, Medikamente abgesetzt, substituiert mit Alkohol, hatte existentielle Depressionen, der Selbsterhaltungstrieb. Angedichtet wurde verbale Aggressivität und Verwahrlosung. Meine neue Freundin könnte ich »nicht unterhalten«, sie hätte es nur auf eine Erbschaft vom Vater abgesehen. Eine geplante Übersiedelung in eine WG (Wedel) hätte ich verweigert. »Krankheitsun-ein-sichtigkeit«, »bagatellisiert die Straftat«. »Am Arsch der Welt«, Kontakte brachen ab. Und bei meistens sehr unverträglicher, aufgenötigter, sogenannter Medizin. »Arbeit macht frei«, ein Stationspfleger, und so ist es, »nicht belastbar«. Folglich kein Ausgang. Immer von Jahr zu Jahr vertröstet (Anhörung). Er würde die Medikamente absetzen und dann gefährlich werden!

Berufskrankheit, Misstrauen (ist Gift für die Seele). Betten belegt. In dubio contra reo, kann nicht (ihnen) schaden. Schließlich sind es zugelassene Medikamente und sind bei »positiv« »angezeigt«.

Und ich sage: Fachidioten! Es gibt die reale Verfolgung, die allerdings wahnhafte Züge annehmen kann; man sieht schon Gespenster – verunsichert, und manchmal frage ich mich, woher gewisse Leute ihr Wissen haben, zum Teil ungeheuerlich, der gläserne Mensch. Man schürt bewusst oder unbewusst Ängste und Paranoia. Von gestern: »Die Gedanken sind frei, niemand kann sie erraten!«

Seit meiner Jugend hatte ich einen unfallbedingten schwarzen Schneidezahn. Wenn ich lachte, lachten die nicht mehr. Erst Mitte 30 wurde er ersetzt. Auch war ich linkshändig geboren, mit Schlägen vom Vater früh »umerzogen«, und die Schule verlangte das damals noch. Und rothaarig, wie auch meine Schwester. Meine Eltern beide dagegen dunkelhaarig. Trotzdem wurde ich zweimal in vier Grundschuljahren »König« und kam als einziger der Klasse aufs Gymnasium, wo meine Leistungen mäßig und sehr unterschiedlich waren. Mit 16 fing ich an Haschisch zu rauchen, später war ich Dauerkonsument und musste die Unterprima wiederholen. Immer hinterher, ohne das ging nichts mehr. Abi, dann Zivildienst im Krankenhaus in meiner Heimatstadt Elmshorn, interne Männerstation. Die Hälfte Todeskandidaten – da wurde ich richtig krank, unter anderem ein Magengeschwür, das allerdings später ausheile. »Bewusstseinserweiternd« wie auch LSD gehandelt, klappte es weder mit Beruf und Arbeit nicht so recht. Lange rote Haare und Vollbart war ich ein stadtbekannter »Hippie«, meine Eltern: »Schneid dir doch die Haare!« Zwei Asien-Trips mit Hindernissen, eine Frauengeschichte, und ich fing an zu trinken, ein Quartal, hörte aber von einem Tag auf den anderen auf. Nützte nichts, mein Vater ließ mich mit einem gekauften psychiatrischen Gutachten entmündigen und einweisen. Anfang vom Ende. So ganz unschuldig war ich nicht, aber die Psychiatrie ist wenig hilfreich, und da stellt sich die berechtigte Frage: »Will man Kranke oder Gesunde?« Kunde ist man. »Der Kunde ist König!« Der »Händler« Kaiser. So unterschiedlich das ist. So hilfreich meist die Feuerwehr ist, so »oft« sind es auch Brandstifter. »Macht korrumpiert!«

Und aktuell habe ich mich noch immer mit dem (damaligen) Vorwurf, zweimal ein TV-Gerät heruntergestoßen, damit zerstört zu haben, auseinanderzusetzen; zugegeben war das brandgefährlich – aus Fehlern lernt man. (Wenn auch nicht alle, die ich kennenlernte).

Und ungepflegt soll ich sein – es kam vor Jahren die Meldung, dass zigtausende Opfer der sogenannten Pflegemittel zu beklagen seien. Meine Haare habe ich gekürzt.

»Antriebslos und wenig schwingungsfähig«. Unter anderem beruhigen Neuroleptika mit einer merkwürdigen Mischung von Nervosität. Auch von Hemmung der intellektuellen Leistungsfähigkeit ist die Rede.

Und meine schlechten Zähne, einer wurde ohne Betäubung gezogen, machen keinen guten Eindruck, das ist leider so, Angst vorm Zahnarzt. »Schlechte Zähne kommen von Zahnpasta«, ein Stationspfleger. Meine Einsicht schwindet angeblich mit der Verträglich der Medikamente, somit rechtfertigt sich die Unverträglichkeit – das ist ungeheuerlich. Körperverletzung und seelische Grausamkeit.

Ruhig abholzen, aber (bitte) wieder aufforsten. Junge Pflanzen binden mehr CO_2, und man hat Holz.

Gegner töten ist Militär-Doktrin, statt zu betäuben. Viele Soldaten sind das unfreiwillig – auf beiden Seiten eines Krieges.

»Über«-Bevölkerung sagt alles über die Gesinnung, Sichtweise. Das Unwort schlechthin! Hungersnot: Geboren, um zu sterben. Viele Kinder sind eine Lebensversicherung? Die Fleischproduktion frisst viele Nahrungsmittel. Ein Vielfaches.

Die Psychiatrie ist besitzergreifend und die Diagnose ist bzw. mündet in Beleidigung. Und da sagt einer: »Nur Flaschen lassen sich abfüllen!« Unzählige »Kröten schlucken«. Auch ist es schwer, Medikamente abzusetzen. Ein Scheitern ist so gut wie vorprogrammiert. Schon der Wunsch bedeutet »Krankheitsuneinsicht«, vielmehr Unverträglichkeit. Dabei sprechen die Beipackzettel Bände. Die Pharma-Industrie sichert sich ab, wer ist verantwortlich?

Es war nicht so, dass ich von heute auf morgen ausrastete, sondern es war absehbar, ich wurde laut und aggressiv im Vorfeld, ich trank. 2004 hauste ich in einer Pension ohne Küche, Bad/WC auf dem Flur, gemeinschaftlich, eine Hauswand mit Fenstern vor meinem Fenster, und nicht zuletzt drohte mir die Obdachlosigkeit. (Mein damaliger gesetzlicher Betreuer gab mir zwar monatlich ausreichend Geld, das aber zur Neige ging. Er war nicht ansprechbar, was Wohnungssuche anging.) Dennoch sehe ich die Bedrohung als meinen Fehler an. Nicht einfach zwangsläufig. Hätte mich wieder in psychiatrische Behandlung begeben, Beruhigungsmittel nehmen sollen?

Und selbst auf Wohnungssuche gehen sollen, auch wenn es wegen der (zur Neige gehenden) Erbschaft schwierig gewesen wäre, einen Wohnungsberechtigungsschein zu erhalten? Wie gesagt, der Betreuer kümmerte sich nicht.

»Fleisch kann aggressiv machen!« Diese Meldung gab es mal vor ca. 25 Jahren. Aber Neustadt enthielt es mir jahrelang vor (Vegetarier). »Cannabis macht friedlich!« »Love and Peace!« Es kann der Frömmste nicht in Frieden leben … möglicherweise kann bei Absätzen das Pendel in die entgegengesetzte Richtung schlagen. Aggressionen wie vom Kokain-Entzug bekannt. Es wird auch viel gestreckt, sogar Gifte zugesetzt, zum Teil andere psychoaktive Drogen.
　Die »Alternative«:
　　»Clozapin«-Tablette 1
　　»Xeplion«-Depot 2
　　»Abilify«-Tabletten

1: Seit 10 Jahren. Abgeraten wird eine Kombination mit Depot-Neuroleptika. (»Mit ›Risperdal‹-Depot geht das o.k.«, die Ärztin, sieben Jahre lang.) Verdauungsstörungen, Herzschmerzen, Gefahr von Herz-Atemstillstand, erhöhter Puls (»Da hätten wir was für Sie! Ebenso bei Verdauungsstörungen.), Müdigkeit, Schwäche, Schwindel bei merkwürdiger Nervosität, Heißhunger, Konzentrationsstörungen, Verblödung (u.a. beim Schachspiel), viel (Wasser) trinken, Wasserlassen phasenweise in sehr kurzen Abständen, Depressionen (»Da hätten wir was für Sie«), s.o. Infarkte, Nahrung ein-atmen usw. Starker Speichelfluss, Schluckauf stundenlang.

2: Knisternde Lungengeräusche, Schlaganfall-Gefahr, Sehstörungen.

Ganz auseinanderhalten kann man das nicht.

Allgemein: Absetzen ist nicht ganz einfach! »Krankheitsuneinsichtig!«

Man muss aufpassen, dass man nicht in andere Abhängigkeit reinrutscht, Substitution.

»Wer einmal!! …«

Und Haschisch, damals als »bewusstseinserweiternd« gehandelt, war meine Einstiegsdroge zum Tabakkonsum. 16-jährig waren es erst Mischungen beider, dann bei Mangel Cannabis-Zigaretten. Dabei hatte es mir mein Vater-Sonntagsraucher vorgemacht, aber wieder damit aufgehört, bevor ich anfing (man kann damit auch wieder aufhören). 1977 knallte es bei Cannabis sprichwörtlich, ein Zug und ich »war bedient« – wie Gift; später noch öfters, wo es »nur« Episoden des Konsums waren. Ein Zigaretten-»hund« bis heute.

Im Krankenhaus, geschlossenen, fragte ich die Ärztin um Erlaubnis, Nikotinpflaster anwenden zu dürfen, »das bildet man sich nur ein!«, war die Antwort darauf. Mein Kommentar: »Dann hätte ich es mir eingebildet!« (?)

»Ihr seid der Abschaum!« Pfleger Maier in Neustadt in die Patientenrunde. Gemeinschaft war meistens immer jahrelang, wenig Gelegenheit, sich zu besinnen, immer irgendwie eingebunden. »Man soll nicht grübeln.« Diese Sorge ist nur zum Teil berechtigt, bei einigen vielleicht. Ich bin keinem Mitpatienten Rechenschaft schuldig und umgekehrt. Hospitalisation traumatisiert! Stress pur.

Ein anderer Pfleger: »Du bleibst bis zur Vergasung hier!« (Wo ich, zugedröhnt von sogenannten Medikamenten war, wie meistens, auf irgendwas reagierte.)

Im gleichen Haus zu einer anderen Zeit bekam ich wochenlang bei starken Zahnschmerzen weder Schmerzmittel noch einen Zahnarzttermin.

Und ein Verteidiger aus dem Neustädter Sumpf nickte zustimmend, als die Ärztin bei der jährlichen Anhörung vor Gericht eine weitere Verlängerung der Unterbringung forderte. Dabei muss eine *erhebliche* rechtswidrige Tat zu erwarten sein. Als Faustregel gilt im Allgemeinen eine Entsprechung von mindestens drei Jahren Freiheitsstrafe. Im Übrigen kann das jeder sagen, und Interessen spielen auch eine Rolle; da gibt es einige, die davon profitieren, wie sich jeder denken kann. Und da gibt es Niedertracht, manchmal den »Ehr«-geiz, einen »kapitalen Hirsch«, in diesem Falle einen Abiturienten zu erlegen. Noch kränker machen. Retourkutschen für Beschwerden. »Sie machen mir nur Arbeit«, eine Ärztin einmal unter vier Augen vorwurfsvoll.

Die Psychiatrie: Ein Sammelbecken für Sadisten, Idealisten, Philanthropen werden weggemobbt.

»Psychisch krank« ist Rufmord, verächtlich, und dann gibt es Berührungsängste, ja Ängste werden geschürt, auf »krank« reduziert. Oft kommt es erst recht zu kindlichem, aber auch kindischem Verhalten; was war zuerst da, das Ei oder das Huhn? Es gibt Gegenströmungen; »Burn-Out« bzw. »Depressionen« sind in Mode gekommen. Da kann man vielleicht mit rührender Anteilnahme rechnen. Will nicht sagen, dass es ernstzunehmende Beschwerden gibt – wem sage ich es!

Es gibt Anti-Depressiva, und es gibt Depressiva!

Wer den Schaden hat, braucht Höhner und Spötter nicht versorgen! Und überhaupt: Andere sind anders!

Darauf ein Pfleger: »Gott sei Dank! Oder stellen Sie sich vor, alle wären wie Sie. Das wäre doch schrecklich!« Recht hat er!

Man mag mich für egozentrisch, selbstbezogen halten, aber durch die Diagnose (Diagnose ist das eine, der Umgang, die

Behandlung das andere) »psychisch krank« bzw. »schizo-affektiert« sehe ich mich genötigt, mich zu erklären (Selbstfindung und Gedanken sortieren incl.) »Nomen est omen« = Name ist Bedeutung. Man kennt das: Alles hat zwei Seiten.

Am 7. Oktober 1953 erblickte ich die Nacht der Welt (kurz vor 20 Uhr). Am 13. Oktober 1953 brannte unser Bauernhaus durch Fremd-Fahrlässigkeit fast total nieder; da war ich schon vorbestraft. Brachte Unglück. (Wie schon gesagt: rothaarig und linkshändig.) Mann sieht rot. Blut ist rot und alarmiert. Feuer ist rot und alarmiert.

Eine weitere Auffälligkeit unserer Familie: Meine Mutter, meine Schwester und meine Stiefmutter sind nach den Tierkreiszeichen Zwilling, mein Opa (väterlich), mein Vater und ich Waage. Man mag von Horoskopen halten …

Es gibt nicht den Teufel, es gibt die Teufel! Und eine Katze hat sieben Leben, andere nur eins. (Die Katzen kratzen mit ihren Tatzen den Hunden die Fratzen.)

Sonne, Mond und Sterne, alle hab ich gerne, nur über die Erde gibt's 'ne Beschwerde!

Der Richter ist kein Arzt, der Arzt Richter?!

»Der Arzt hat immer recht!« Er ist die Autorität.

Psychiater zum Kollegen: »Da können Sie gar nichts verkehrt machen.« Emeritierter Professor Dr. med. Dr. jur. R. Wille verhöhnend im Gutachten: »Für Hr. H. möchte von Schwester Inge behandelt werden.« Stationspfleger K.: »Ihre Schwester rief die Polizei«, und lachte schadenfroh. Dr. H.: »Wir wollen nicht, dass Sie ›produktiv‹ sind!« Frau Dr. F.-S. in der Stellungnahme: »… Affektionsstörungen … autistisch …« »Music is my only friend, until the end!« J. Morrison. Und tatsächlich trug ich fast immer Kopfhörer. »Reiß ihm den Arsch auf!«, ein Mitpatient zu meinem Schachgegner. Ein anderer, als ich hustete: »Verreck!« H. C.:

»Du bist fertig!« (Aus heiterem Himmel.) Selbiger: »Kiffer sollte man umbringen!« W. Z. Bei anderer Gelegenheit: »Ich mischte Ameisenpulver und Haschisch, um sie verrückt zu machen.« (Und da wundert sich jemand, dass man nur Kopfhörer trägt.) »Du musst deinen Urin trinken, dann wirst du nie wieder krank!« W. T. bei Ablehnung wiederholend und zunehmend aggressiv.

Psychiatrie eingebrannt: Meistens rauche ich dann eine Schachtel und halt meine Klappe. Auch bestimmte Medikamente machen mundtot – Hauptsache ruhigstellen, insbesondere Kritiker. Inklusive Niedermachen. Zugegeben, das ist verallgemeinert. Und Macht korrumpiert. Manche machen sich auch wichtig; gut für ihr Ego. Und es gibt Berufskrankheiten, so z.B. Misstrauen, Vorurteile – vorverurteilt (»… zu erwarten«), schaden kann es einem selber nicht, der/die hat's verdient, mit (latenter) Schadenfreude vermischt u.Ä. Andere erniedrigen, sich selber erhöhen. »Bock zum Gärtner machen.« Unser Biolehrer damals: »Der Mensch ist das gefährlichste Raubtier!« Die Anstallt. Demoralisierend. Und auch Armut macht krank und kriminell (kann). Notfalls beschafft die Behandlung die Diagnose. (So z.B. bei mir das Stimmenhören, Depressionen u.a.)

»Sterilisation«, »Entsorgung« war/ist in Kliniken ausgewiesen.

»Frag den Behinderten da vorne!«, hinter mir in der Lüneburger Stadt. Kann's nicht fassen, kann's nicht lassen, ganz schrecklich hassen; dabei ist Hass ein schlechter Ratgeber. Man sollte sich nicht provozieren lassen – wie es mir passierte, man trifft vielleicht Unschuldige und schadet sich (nur) selber. Lieben oder hassen, leben und leben lassen. »Liebet Eure Feinde!«

Es betrifft (u.a.): Chefarzt bzw. leitenden forensischen Abteilungsarzt Dr. B. (S) Wieneke. Als Gutachter in forensischer »U-Haft« (§ 126) ließ er sich zu mir kommen. Erste Frage sinngemäß: »Was sagen Sie zu dem Vorfall?« Ich: »Eine Frau sagte, Vergewaltigungen hätten ihr nichts ausgemacht!« »Sie können gehen; man wird sie zurück auf Station bringen!« Das war's; er hat es daran festgemacht. (1984)

Gegen Ende der folgenden Hauptverhandlung fragte der Richter ihn und den aktualisierten Professor Dr. Michaelis, Itzehoe, nach deren Stellungnahme: Dr. W. sprach sich für eine Unterbringung in der Geschlossenen aus. Während der Professor äußerte, ich könne zur Bewährung in meiner Wohnung leben. Das Gericht folgte dem Professor Dr. Michaelis, und ich lachte (tonlos) den Dr. W. aus, was der mir nie verzieh. 1989 kam es zu einem Bewährungswiderruf wegen Medikamenten-Verweigerung (kam da nicht gegen an, behandelnde Ärzte ließen nicht mit sich reden), und es folgten 14 Jahre in Doktor W.s forensischer Abteilung Neustadt (2002 hob das OLG Schleswig aufgrund Verhältnismäßigkeit auf). Aber zu Dr. W. noch nachträglich: Ende der Neunziger auf der Wachstation (akut) wegen Entweichens aus dem halboffenen Bereich musste man abends seine Jacke und O.-Hose zum Einschluss ausziehen. Just in dem Moment ohne Hose ging Dr. W. durch den Flur und sagte: »Kommen Sie mit, Herr Hamann!?« Ich reagierte nicht; darauf er in Anwesenheit von nur einem Pfleger (D.): »Er möchte hierbleiben.« Bis heute nebulös.

Die Liste der eingenommenen Medikamente ist lang (wie die langen Jahre stationär und ambulant): Atosil, Glianimon = Benpermidol, <u>Orap</u>, <u>Imap</u>, Truxal, Dapotum = Lyogen, Leponex = Clomapin, Zyprexa = Olanzapin, Haldol (intramuskulös sowie oral), Neurocil, Melleril, Fluranxol, <u>Solian</u>, Risperdal, Decentan, Abilify, Xexplion sowie zeitweise Anti-Depressiva Saroten und Cibramil (Unterstrichen: Gut verträglich). Mehrere trotz schlechter Verträglichkeit wiederholt, sei es als Generika (Folter ist eigentlich verboten).

»Schwein!«, kann schon sein; wer nicht?!

»Psychisch krank« heißt immer noch »geisteskrank«.

Die Diagnose ist das Eine, die Behandlung das Andere! Es ist verknüpft – die herrschende Lehrmeinung, Lobby(-kratie). Als psychisch Kranker ist man immer noch der letzte Dreck, vornehmer ausgedrückt Mensch zweiter Klasse, stigmatisiert, beleidigend. (Andere erniedrigen, sich selbst erhöhen.) Ein Fernstudium verwehrte mir auch Dr. W., obwohl ich in Häuser übergreifenden Schachturnieren manchmal den ersten Platz bzw. einen der vorderen Plätze belegte. Verbal hatte ich (situations- bzw. medikamentenbedingt) Defizite.

Wie gesagt, »hü, hott«, ruhiggestellt, aber Arbeit erwarten. (Für wenig Geld). »Hirnschwund durch Psychopharmaka killen?«, Der Spiegel, 4/2013, S. 116.

»Früher hat man Krüppel erschlagen; das tut man heute nicht mehr.« Dr. Wilking, Elmshorn. <u>Das</u> tut man.

Dr. H.: »Wir wollen nicht, dass Sie produktiv sind!«

Dr. B. vorwurfsvoll: »Sie breiten sich überall aus« (in der Geschlossenen), und stellte die Medikation um – beschränkt.

Auch mein Opa (Hamann Johannes) wäre beinahe im KZ gelandet. Ein Kollege warnte ihn: Wenn er weiter so reden würde, käme er rein!

Bezüglich meiner Wenigkeit kann man sehr vermuten: Man will an einem Kritiker ein Exempel statuieren! Anders kann man diese drakonische Unverhältnismäßigkeit kaum erklären; Patienten sind das Kapital, und man macht sich wichtig. Zumindest mag man nicht »seine Hand ins Feuer legen«. Aber dem ist nicht so, Ärztin H. Man hätte eben das Mittel gegen erhebliche Straftaten. Dass das konterproduktiv sein könnte, glaubt man anscheinend nicht.

Man »erwartet« Rechtsbrüche?!?

Mittel gegen Psychosen sollen Entgleisungen bis hin zu schweren Straftaten verhindern; ich könnte das Gegenteil beweisen, aber ich tu's nicht; u.a. bin ich sowieso »aus dem Alter raus«. Zugegeben, können die Mittel beruhigen, machen aber auch merkwürdig nervös. Wenn man als Patient von Verfolgungen berichtet, heißt es nur: »Psychose!« Sind es Fachidioten, Intelligenzbestien? Auf der richtigen Seite?

Zum besseren »Verständnis« habe ich mich doch entschlossen, von der Vorgeschichte 1976, siehe Seite 1, »demoralisiert«, zu berichten. Ingrid K., meine erklärte »platonische« große Liebe, sagte im Beisein eines Freundes und dessen Begleiterin: »Als ich mit Anke (H.– nicht meine Schwester) in Griechenland war, wollte ihr Freund mit mir schlafen, wogegen ich mich wehrte. Da hielt Anke mich fest, und er tat es. Anke ist immer noch meine Freundin; früher war sie meine Busenfreundin.« Mich wies Ingrid vor diesem Text ab. Es war aber auch nicht das erste Mal, dass so etwas thematisiert wurde. Ein halbes Jahr vorher besuchte mich Ingrid mit einer gewissen Maren, die sagte: In der Türkei wollten vier Männer was von ihr. Sie versuchte wegzulaufen, aber die Männer holten sie ein. Und dann vergewaltigten sie sie. Es hat ihr nichts ausgemacht. I. K. schwieg dazu, und auch ich hatte keine weiteren Fragen. Mir in Vergessenheit »zeitweilig« gerieten meine Texte, als die o.g. Anke mich mit I. K. Monate vorher besuchte. Anke fragte stellvertretend, ob ich Ingrid mit auf einen geplanten Indien-Trip mitnehmen könnte. Ich verneinte, Frauen leben gefährlich auf dem Weg. Man halte sie für Huren, und wörtlich: »Ihr seht auch so aus, als ob man das gerne mit euch machen würde.« (Unter Drogen, wie wir alle die meiste Zeit waren.) Es gab jahrelange Annäherungsversuche, vergeblich. Den Schlusspunkt setzte ich telefonisch: »Kommst mit in den Puff?« »Na klar doch!«, und legte auf. Das Ende, obwohl es noch Nachgeplänkel gab. Soweit die Vorgeschichte zum Rücktritt von (1984) versuchter sexueller Nötigung; Liebe macht blind, es tut mir leid.

Mit der Psychiatrie hat sich ein Kinderwunsch erledigt. Sowohl genetisch als auch sozial begründet, und letztlich bin ich schon älter, sodass sich Vaterschaft verbietet.

Hiermit möchte ich noch ein Wort bezüglich CO_2 einschieben: In der Bilanz bleibt unerwähnt, dass Sauerstoff im großen Maße gebunden wird und fehlt. Und beim Verbrennen wird Wärme frei.

»Viele schnurlose Telefone strahlen 24 Stunden am Tag, auch wenn man nicht telefoniert. Ihre hochfrequente Strahlung wirkt noch stärker störend auf unseren Organismus als die Mobilfunksender, die uns überall umgeben. Vor allem auf Kleinkinder, Kinder und Jugendliche wirken Störungen durch elektromagnetische Strahlung verhängnisvoll, selbst wenn sich die Folgen erst Jahre später zeigen. Solche Probleme treten bei Telefonen mit Schnur nicht auf. Die Industrie beginnt zu reagieren: Neuerdings gibt es auch schnurlose Telefone, die ihre Strahlung abschalten, wenn sie nicht benutzt werden.

Radiowecker, Fernseher im Schlafzimmer und andere niederfrequente Stromquellen erhöhen den Elektrosmog, der uns ohnehin beinahe unausweichlich umgibt. Die hochfrequenten Strahlungen, die von Mikrowellengeräten ausgehen, wirken extrem störend auf unseren Organismus. Schon 1980 stellte das deutsche Bundesamt für Strahlenschutz fest, dass durch Mikrowellen die Enzyme und enzymatischen Prozesse verändert, die Hormone der Schilddrüse und der Nebennierenrinde negativ beeinflusst und die Zusammensetzung, Funktion und Konzentration von Blutbestandteilen verändert werden.«

Dr. Günter Harnisch – »Alternative Heilmittel für die Seele«, S. 25.

Im Sommer 2014 zog ich in der Psychiatrischen Klinik Lüneburg in zwei Chefvisiten in verschiedenen Häusern folgende Show ab: Ich betrat das Zimmer und ergriff gleich das Wort, bevor ich mich setzte: »Entschuldigen Sie bitte, dass ich Ihnen nicht die Hand gebe, an meinen Händen klebt Blut! Wir drehen gerade die Fortsetzung von ›Das Schweigen der Lämmer‹, und Hannibal L. sitzt mit einem Patienten, das bin ich, im Sprechzimmer.« Er: »Sie sind schizophren, also gespaltenes Bewusstsein!« »Gespaltenes Bewusstsein? Wo ist das Beil, wo ist das Beil?« (»Lobotomie« ist das Trennen der Verbindungen von rechten und linken Gehirnhälften.)

(Das machte verständlicherweise Angst. Was gibt es alles für Filme?!)

Ich landete befristet in einer forensischen Abteilung, was sowieso angesagt war.

Was sich rückblickend bis heute durch alle Begründungen der Beschlüsse zieht, ist die Ansicht, ich würde die Medikamente nicht mehr nehmen und wäre dann gefährlich! Aus Fehlern lernt man, und ich wiederhole das Zitat mit dem Verweis auf Dr. Lotze von Dr. H. Lorenzen: »… weiche Hr. H. vor der Ausführung aggressiver Handlungen zurück«, und zitiert Dr. Lotze: »… hat Hr. H. eben nicht konkrete Gewalt ausgeübt«.

Diese Befürchtungen sind konstruiert, und man präsentiert mich krank gemacht präpariert den jeweiligen Richtern. Und was für 14 Jahre Geschlossene reichen sollte, war der Umstand, dass ich bei Führungsaufsicht mit der entsprechenden Auflage (Medikamente nehmen) dem reinen Selbsterhaltungstrieb folgte und nach zähen und ergebnislosen »Verhandlungen« mit verschiedenen Ärzten Medikamente (machen abhängig) durch bis zu fünf Liter Bier täglich ersetzte (auch auf Dauer keine Lösung). Nur sieben Tage nach meiner Einweisung in die »Allgemeine« sieben Tage abrupt (»kalter« Entzug) Alkohol komplett abgesetzt, mit dem Wiedereinsetzen der beschwerten Medikamente (Glianimon) bis zur gerichtlichen Anhörung war ich bei Versuch nicht verhandlungsfähig. Hinzu kamen auch andere Vorhaltungen: Ich könne »meine Freundin nicht unterhalten«; sie hätte es auf die Erbschaft vom Vater abgesehen. Ich wäre »verwahrlost«. Auch Drogenkonsum wollte man mir unterstellen, Befund »negativ«. Man sprach von »Deviationen« in Verbindung mit Alkohol (Ausschweifungen). Ich sei aggressiv zur Familie – 100 DM verschwanden, ich machte nur meinem Ärger lautstark Luft, ohne Schuldzuweisung. Bei der Aufnahme in Itzehoe hätte man mir mit Mühe und Not ein »Klappmesser« abnehmen können. Es handelte sich um ein vielseitiges Taschenmesser – zeigte dem aufnehmenden Pfleger die integrierte Pinzette – das war alles. Der Gutachter Dr. J. Schuster empfahl fürs erste ein Jahr im »zuständigen Krankenhaus Heiligenhafen« – knapp 14 Jahre Forensik Neustadt wurden es. Bei Kritik an der Dauer der Unterbringung und der Medikation kam »krankheitsuneinsichtig« als übliche Rhetorik.

Als ich einen Mitpatienten in Schutz nahm, sagte der Pfleger: »Wissen Sie, was er gemacht hat?!« Ich schwieg, hätte vielleicht anmerken sollen: »Ich weiß, was man mir andichtete!« (Und natürlich sind alle »unschuldig« da?)

Dr. med. Josef Zehentbauer – Chemie für die Seele (2010)

bezüglich Neuroleptika u.a.: Als eine Kontraindikation wird, was mich betrifft, Harnverhalten genannt. (S. 220)

»Vor allem kann es zu ausgeprägten unwillkürlichen Bewegungen der gesamten Körpermuskulatur kommen … es kann sich dabei um Dauerschäden handeln … machen sich im Gehirn ›unentbehrlich‹«. (S. 222)

»Auch kleine Dosen können insbesondere bei älteren Patienten depressive Verstimmungen hervorrufen.« (S. 227)

»… gerade in psychiatrischen Kliniken – unter dem Einfluss hoher Neuroleptika-Dosen – relativ viele Menschen durch Selbstmord sterben. (S. 228)

Hauptsache ruhigstellen:
– Dass Neuroleptika in totalitären Staaten als Foltermedikamente bei politischen Häftlingen eingesetzt werden, dass sie in vielen Haftanstalten – auch in der BRD – bei aufmüpfigen Gefangenen als Disziplinierungsmittel gespritzt werden! (S. 232)

»Die Zahl der stationären Wiederaufnahmen hat sich seit der Behandlung mit Neuroleptika bis zum Dreifachen erhöht.« (S. 236) Und vieles mehr.

»Wohl aufgrund der unangenehmen Nebenwirkungen nehmen viele Patienten Neuroleptika nicht nach Vorschrift oder gar nicht ein. Die ist die häufigste Ursache für Rückfälle. In Deutschland erleidet jeder zweite Schizophrene innerhalb eines Jahres einen Erkrankungsrückfall.« Bittere Pillen, 2005–2007, S. 153.

Wo bleibt das Recht auf körperliche Unversehrtheit?

Wo bleibt das Recht auf freie Meinungsäußerung?

»Psychisch krank« = »geisteskrank« kommt einer Beleidigung gleich.

Man fällt aus der Arbeitslosenstatistik – da hat man eine andere Verwendung. Und wenn man nicht krank war, so wird man es.

»Chronisch«-krank: Man ist Stamm-»kunde«. Drehtürenpsychiatrie.

Ebenso kontraproduktiv verhält es sich bei Antidepressiva: Insbesondere bei Präparaten mit einem antriebsteigernden Anteil kommt es neben zahllosen Nebenwirkungen gehäuft zum Selbstmord. Auch vermehrt Herzinfarkte!

Der 27-jährige Todespilot von German Wings im März 2015, Andreas L., hatte nach Erkenntnissen der Staatsanwaltschaft Düsseldorf mehrere Psychopharmaka gegen Depressionen genommen (kontraproduktiv).

Entmündigt – mundtot!

Was man so alles von mir weiß – ich nenn es Sozial-Porno. (Eine Klatschtante würde vor Neid erblassen!)

Die Bewährungsauflagen sind totalitär! Beleidigung und Körperverletzungen, seelische Grausamkeit. Man ist wirklich minderwertig. Und alle sind (nur) ein Rädchen im Getriebe (mit Spielräumen).

Im Jargon »Mietmäuler« sprechen Professoren und Doktoren (usw.) Empfehlungen aller Art aus und werden dafür honoriert. Und Studien an Männern (Frauen werden sträflich vernachlässigt) nach Interessenlage durchgeführt, geschönt bzw. veröffentlicht. Allerdings wurde kürzlich publik, dass alle, positiv wie negativ, bekannt gemacht werden müssen, ob auch rückwirkend, ist mir nicht klar.

»Rauch' ein' Joint! Komm zurück!« Kraan. Ich bin doch nicht verrückt.

Schizophrenie wird mit einem Zuviel an dem Botenstoff »Dopamin« gebracht, es ist auch für Glück und Belohnung verantwortlich. Da setzen Neuroleptika an und reduzieren diesen spezifischen Stoffwechsel: Gehirnwäsche. Chronische, schleichende Vergiftung, auch von Hemmung der intellektuellen Leistungsfähigkeit ist die Rede; und »Hirnschwund«.

Es gibt Teufel … und Oberteufel.

Und Unterdrückung, äh, äh Unterbringung.

Für Schwule ein Paradies. Und es gibt Knastschwule. »Ein bisschen bi schadet nie«, sagten sie.

An die Frau: »Darf ich bitten, oder müssen Sie erst einen Sekt trinken?«

Apropos »sexistisch«, kein geringerer als Udo Lindenberg, ausgezeichnet wie er wurde, bringt Texte wie diese, erstere zitierte ich in Gemeinschaft von Patienten und Patientinnen, was harte »Konsequenzen« für mich hatte und hat: »Ohne sie: Onanie, stärkt das Hemd und schwächt die Knie.« Und der Titel Bodo Ballermann auszugsweise: »… die Damen ihm seinen Samen nahmen.«

Aber die Psychiatrie sterilisiert. Welchem Umstand hat man/frau seine/ihre Existenz zu verdanken?! Es gibt doch so was von Streitkultur, vorbildlich von Politikern, Journalisten etc. (Toleranz). Recht auf freie Meinungsäußerung! Aber machste Witze, kriegst 'ne Spritze, sei es ein Gedicht oder nicht. »Man kann sagen, was man will, aber nicht, was man tut«, Stationspfleger Schlüter, Neustadt/OH, ein Gegengewicht.

Eine Zwischenbemerkung: Habe mir nicht nur Freunde unter den forensischen Mitpatienten bei dem Verweis auf eine »Verhältnismäßigkeit« gemacht.

Zum Verständnis für »Laien«: Wer als schuldunfähig eingestuft wird, ist »vom Vorwurf freigesprochen«. Nur wenn von ihm <u>erhebliche</u> Rechtsbrüche zu <u>erwarten</u> sind, verbleibt er bis auf weiteres in einer geschlossenen psychiatrischen Station. Maßgebend ist die psychiatrische Prognose eines Facharztes; also Subjektivität, Willkür und Eigeninteresse, sie lassen sich den Eigenauftrag zur Behandlung gerichtlich beschließen. Da kommt wieder »Arbeit macht frei« für einen Hungerlohn, entwürdigend, beleidigend. Man wäre »belastbar«, »zuverlässig«, »stabil«.

Eine Prognose ist so seriös wie ein Horoskop, sage ich mal. Ebenso wichtig ist es zum Beispiel, mit einer Arbeitslosigkeit umgehen zu können. Wenn der Tag lang ist, kann man leicht auf dumme Gedanken kommen. Auch Armut kann kriminell und krank machen.

»Nomen est omen.« So waren in meiner Zeit in der Forensik Neustadt/OH auffallend viele Günter(s) und auch Jörg(s), Jürgen(s) und ein Jörn. Vergaß ich zu sagen, dass ich ein ungeschulter, mit Schlägen meines Vaters auf rechts (umgepolter) Linkshänder war/bin?

Jedenfalls sehe ich auch das als Beleidigung, Körperverletzung, seelische Grausamkeit an, dass man mir eine ausreichende Lernfähigkeit (… lernt man) abspricht. (Halb-)tod statt Gnadenbrot. Dabei meinte ein gewisser Psychiater Dr. G. Hilmers, Elmshorn, zu mir, dass gerade Ältere besser in der Lage seien, sich bei Einsicht zu ändern. Man sollte sich nicht durch den Spruch »Was Hänschen nicht lernt, lernt Hans nimmermehr« entmutigen lassen!

Das gibt mir das Stichwort zu meiner früheren Biografie (Weiteres nur wen's interessiert, falls es überhaupt etwas zur Sache tut.) Dazu muss man wissen, dass mein Vater Hans-Heinrich <u>Ernst</u> 13-/14-jährig seine Mutter am 24. Dezember verlor (Lungenentzündung). Seine öfteren Kommentare waren (abwertend) zu mir: »Tinnef«, »Da brat mir doch einer ein' Storch«, »schief gewickelt«, »Was flöhnst du da rum«. Später zu »meiner« Musik: »Heidudelkrom«. Ja, meine Eltern sprachen fast ausschließlich Platt(-deutsch). Was bei mir in der Schule besonders beim Unterschied von dir/dich und mir/mich, auf Platt nur di bzw. mi, Schwierigkeiten (häufige) bereitete. Und wenn ich mal Fragen zum Lernstoff hatte, hieß es nur: »Pass in der Schule auf!« Dabei wollte ich gar nicht aufs Gymnasium – Tischler werden. Und nicht stundenlang rumsitzen und sich vollquatschen lassen; Hausaufgaben und Prüfungen waren nicht besonders beliebt. Mein zeitweiliger Eifer in der Landwirtschaft, ich: »guck mal, das habe ich schon geschafft!«, veranlassten meinen Vater zu der Bemerkung: »Du bist ja ein fixer Dutt!« (»Eigenlob stinkt!«) »Hochmut kommt vor dem Fall.« (Manchmal ist es so.) Mir ist es als kleiner Steppke so gegangen, als ich als klarer Gewinner beim Wurfpfeilwerfen meinen Cousin verbal verachtete. Er haute mir mit einer Stahlharke vor den Kopf, sodass ich besinnungslos für Minuten hinfiel. Bis heute habe ich noch eine Narbe an der Stirn. (Summa summarum: Bis heute: habe mir meine Hörner abgestoßen.)

Mit 16 Jahren hatte ich meine erste und langjährige Freundin. Sie nahm die »Pille« und hatte sich eine »eigene« Zweizimmerwohnung mit einer Freundin geteilt, die ihrerseits auch einen Freund hatte. Wir waren ziemlich gleich alt (jung). Womit sich meine Freundin Ingrid N. aber hervortat, war ihr lautes und unverbesserliches Stöhnen beim Sex, was insbesondere meinen Vater auf den Plan rief, wenn sie in meinem Elternhaus nächtigte. (»Ingrid verlässt sofort das Haus«, sagte er laut auf dem Flur.) Sie halte mich von der Schule ab, sagten meine Eltern in ihrem Freundeskreis von Landwirten, was Ingrids Mutter, 16 Kilometer entfernt, berichtet wurde, die es mir wiederum zutrug. Trotzdem hielt ich noch jahrelang zu meiner Freundin, obwohl diese, wie sie selber sagte, häufig fremdging, in einer Zeit, wo »Love and Peace« und freie Liebe angesagt waren. Letztendlich machte ich Schluss, weil ich mich in eine andere verliebte (und scheiterte). Viele Frauen sind attraktiv, und ich ein

»Fool in Love«. Ob Frühjahr, Sommer, Herbst oder Winter, alle liebt der Günter!

»Was sind die Menschenrechte?« Eine Wunschvorstellung. Deutschland hat mich nikotinabhängig gemacht – und nicht nur mich. Zigaretten (u.a.) senken Blutbildwerte ([Neben-]Wirkung) der Medizin – manifestieren die Sucht. Hier spricht das »Clozapin« an. Man hat eine geringere Lebensqualität und -quantität. Und dann heißt es: Viel hilft viel. Man hat Rezepte – das macht sich dann auch ganz gut. Neben der körperlichen Beleidigung geht die seelische einher: Man spricht mir mangelhafte Lernfähigkeit ab.

»Ain't nobodys business what I do.«

Demgegenüber steht der Parasitenbefall, oder soll man von einer Symbiose sprechen; man interessiert sich für einen, bis hin zum Sozial-Porno (wider Willen). Und man macht sich wichtig – gut fürs Ego. Aber apropos Pornografie: Die Weiber zeigen ihre nackten Leiber, sie geizen nicht mit Reizen. Männer machen sich ein (Vor-)Bild, und ewig lockt das Weib! Inside: Haftverschärfung!«

Eingeliefert = ausgeliefert. Wie gesagt: Macht korrumpiert, und der Willkür ist Tür und Tor geöffnet. Niedermachen, sich selbst erhöhen. Und ob man will oder nicht, Hass staut sich auf. Mit der Rechtsprechung werden Sadismen bedient, trotz der Kontraproduktivität einer sehr restriktiven Verfahrensweise. Eine hohe Rückfallquote gehört zum System, dabei macht Dänemark sehr gute Erfahrungen mit einer humaneren »Bestrafung«. Druck erzeugt Gegendruck, das ist hinreichend bekannt, und Hass wird (eventuell) ausgelebt. »Wer einmal aus dem Blechnapf frisst« ist altes, bekanntes Wissen.

»Verrückt!« – wer nicht?!

Aber da widerspricht jemand: »Gebranntes Kind scheut das Feuer!« »Aus Fehlern lernt man!« Mein Selbsterhaltungstrieb ließ mich absetzen (Medikamente). Das läuft gewissen Interessen zuwider und man lässt nichts aus, um mich zu provozieren (ja, ja: Paranoia, und der Kreis schließt sich). Medikamente gegen eine Krise sind noch verständlich, aber auch Abhängigkeit ist die Folge, und man kann eigentlich nur in Zusammenarbeit mit Ärzten, womöglich nur stationär, das realisieren. Nein! Chronisch krank, irgendwie ein Armutszeugnis, man profitiert aber. Stammkunde. Auch Neuroleptika werden als Fremdkörper wahrgenommen, und die Zahl von weißen Blutkörperchen nimmt zu, chronisch. Da stimmt irgendwas nicht! Den Bock zum Gärtner gemacht. Aber da gab's auch einen Pfleger, der eins dieser Mittel an sich selber ausprobierte: »Ich kann euch gut verstehen.« Man fühlt sich einfach hundsübel. Und verträgliche Medikamente sind zum Teil gar nicht erwünscht (Leidensdruck). »Hasch macht krank, der Dealer macht Kasse!« Das könnte man ruhigen Gewissens auf andere Stoffe übertragen. (»Zigarre verpassen!«)

Und bei Gerichtsverhandlungen kriegt man (vor Angst bzw. wegen des chemischen Knebels) den Mund nicht auf (abgefüllt). »Hemmung der intellektuellen Leistungsfähigkeit« ist beschrieben. Ganz allgemein, auch was die Sicht der sogenannten Normalos betrifft Volksverdummung.

Jörg Blech, »Die Psycho-Falle« (2014, Seite 151–120): »Der Einsatz von Neuroleptika soll schwierige Kinder gefügig machen und alte Menschen ruhigstellen. Doch ihre Nebenwirkungen sind heftig, mehr noch, sie scheinen das Gehirn dauerhaft zu verändern – und können auf diese Weise psychische Störungen verschlimmern oder erst auslösen.… Sie sahen Daten, denen zufolge Patienten, die mit Neuroleptika behandelt worden waren, häufiger wegen Rückfällen wieder ins Krankenhaus mussten ... untersuchte mehr als 200 Schizophrenie-Patienten in Kernspintomografen und stellte fest, dass deren Gehirn geschrumpft war ... Das ›könnte‹ bedeuten: Die Neuroleptika-Konsumenten werden dümmer und ihre Psychosen nicht los ... 15 Jahre nach der schizophrenen Episode waren 46 Prozent der Patienten, die dauerhaft Medikamente bekommen hatten, ohne Symptome. Bei Patienten, die auf Medikamente verzichtet hatten, lag dieser Wert bei 72 Prozent ... Die Kinder könnten für den Rest ihres Lebens an der Folgen der Neuroleptika leiden.«

Es liegt _mir_ fern, Opfer zu verhöhnen oder zu beleidigen, aber man spricht dann von einem »positiven Befund«.

Es kam mal die Meldung, psychisch Kranke sind seltener gewalttätig als Normale.

Und was auffällig ist, dass überdurchschnittlich viele psychisch Kranke rauchen. Ein Arzt soll mal gesagt haben, rauchen ist eine Geisteskrankheit, wenngleich dies im Allgemeinen nicht als Droge gilt. Aber jemand sagte, es sei auch ein potentielles Halluzinogen. Und auch bezüglich Haschisch ist es umstritten.

»Mit den Wölfen heulen!« kann man ja verstehen. (Ich persönlich halte Wölfe für gefährlich, es sind Raubtiere, und ihre nahen Verwandten, die domestizierten Hunde selbst, sind zum Teil bissig.) Und »psychisch Kranke« sind Freiwild, vogelfrei. Um bei Tierbildern zu bleiben: Meine Schwester und ich waren rote Schafe der Familie, der Gesellschaft. Es fällt mir schwer zu sagen: (K)ein Zufall, dass der wegen Völkermordes verurteilte Serbenführer Karadzic von Beruf Psychiater ist/war. Und weiter ungeheuerlich: Die USA bedauerte bei dem Irak-Feldzug, eine Psychiatrie befreit zu haben, wo doch bekannt ist, dass gewisse Staaten anders Denkende in solche Einrichtungen stecken (und foltern).

Auch gerät in Vergessenheit bei all den zivilen Opfern, dass Zwangsrekrutierungen und Ausnutzen existenzieller Not unschuldige Soldaten macht: Töten und/oder getötet werden. Und Waffenlieferungen an »sichere Länder« schafft Kriegspotential. Töten anstatt den Gegner zu betäuben.

Motto bzw. Devise in der Forensik Neustadt: »Nur die Harten kommen in den Garten!« (Die Weichen enden als Keller-Leichen.) Braucht man einen Existenzberechtigungsschein? Wer entscheidet darüber? Es gilt das Verbot von Zwangsarbeit – außer für Strafgefangene. In der Psychiatrie firmiert sie als Therapie.

Einige arbeiten, andere lassen arbeiten. Robots rabotti (arbeiten/polnisch). Roboter sind (noch) berechenbar. Wenn die hundert Reichsten nur 10 Prozent ihres Vermögens stiften würden, gäbe es keine existentielle Not auf der Welt mehr. »Eigentum verpflichtet.«

Aber es gibt die Lobbykratie.

Betreffs Neuroleptika.

Dr. Josef Zehentbauer: »Chemie für die Seele«, S. 220, Kontraindikation: »Glaukom (grüner Star), erheblich vergrößerte Prostata, Harnverhalten, Magenausgangsverengung, Hirn-Herz-Arteriosklerose, Epilepsie, Leberkrankheiten, krankhafte Neigung zu Allergien, Störung der Blutbildung, Parkinsonsche Krankheit, Neuroleptika sollten nicht kombiniert werden mit: Barbituraten, Opium, starken Schmerzmitteln, Alkohol.« Er zitiert den Tübinger Universitätspsychiater H. W. Schied. Und weiter: »Was die Depression betrifft, so sind sicherlich gehemmte Depressionen eine eindeutige Kontraindikation.« Auch neurotische Störungen sind eine Kontraindikation.

An anderer Stelle empfiehlt Dr. J. Z. (bedingt) schwache

Neuroleptika wie Melleril, Truxal, Neurocil, Atosil, Dogmatil usw. Außer Dogmatil (keinerlei Erfahrung) kann ich das persönlich nicht bestätigen, nur schlechte Erfahrungen; das ist wohl auch eine Frage der Dosis. S. 227: »Stärkere Neuroleptika … hoher Dosis- und lander Anwendung… erhebliche Selbstmordgefahr … Auch kleine Dosen können besonders bei älteren Patienten depressive Verstimmungen hervorrufen … Selbstmordgefahr …«

S. 228: »Mit Neuroleptika verwandelt man gewissermaßen die ›schizophrene Psychose‹ in eine ›depressiver Psychose‹, die die Umgebung weniger belastet und von der Gesellschaft eher toleriert ist. So lässt sich auch in den Nervenkliniken Ruhe und ›Frieden‹ herstellen.«

Aus eigener Erfahrung könnte ich »Imap und Orap« empfehlen, wenn es da nicht Bedenken betreffs Spätschäden gäbe. Da bleibt nur »Solian«, was die Körpertemperatur erhöht und Geschwulstbildung verursacht (bei mir). (Kontraindikation – Neuroleptika).

Wenn Pfleger sagen dürfen: »Du bleibst bis zur Vergasung hier!« und: »Arbeit macht frei!« (und sie meinten es auch so), dann sage ich dazu »KZ«, das langfristig viele Opfer kostet. Ungeheuerlich auch ein ausgesprochener Gedanke, dessen Verfasser mir entfallen ist: Die Pharma-Industrie sei gar nicht an heilsamer Medizin interessiert, sondern an (chronischen) Kranken! S. 236 (s.o.): Die Zahl der stationären Wiederaufnahmen hat sich seit der Behandlung mit Neuroleptika bis zum Dreifachen erhöht. »Irrer« Stammkunde.

»Papa wird's schon richten.« Und er hat (an-)gerichtet; mit Gutachten von Dr. Wilkin Elmshorn, der in der (aufgenötigten) Sprechstunde ganz beiläufig sagte: »Krüppel hat man früher erschlagen. Das tut man heute nicht mehr.« (Ende der Siebziger)

Noch ein Wort zu dem Widerruf der Bewährung Anfang 1989: Wie bereits gesagt, war ich weder verwahrlost noch aggressiv entgegen … 1988: Bot mir ein Unbekannter einen Revolver an. »Lass uns Autos knacken?!« Ein Bekannter. Auch eine Einladung zu einer Drogenparty schlug ich aus. Und könne meine Freundin nicht »unterhalten«, sie hätte es auf die Erbschaft vom Vater abgesehen. Man beleidigt sie und mich. 14 Jahre Geschlossene hält keine Beziehung aus. Neustadt – am Arsch der Welt, nur nebenbei.

Freundliche Männer werden oft als »Schwuchteln« diffamiert; homophil ist nicht gleich homosexuell (sym-pathisch-gleichgesinnt, aber nicht Partnertausch ist gemeint). Philanthrop = Menschenfreund (das nur nebenbei). (Philanthropie ist für manche ein Fremdwort) (Hart, aber herzlich gibt's sicher auch – wem sage ich es?!)

Brauche einen Betreuer … weil ich einen habe!

Zugegeben: Früher war's (noch) schlechter. Es hieß »geisteskrank«, und man war automatisch erbunwürdig. Mit gekauften Attesten bzw. Gutachten ließen sich Erbfolgeränge manipulieren, insbesondere bei der Höfeordnung, wo der älteste Sohn den gesamten Hof erbte und andere Geschwister nur »einen Appel und ein Ei«. Zerstörte Familien.

Und Elektroschocks machten Patienten kaputt. Das prominenteste Opfer war der Schriftsteller Ernest Hemingway, der danach nicht mehr schreiben konnte und Selbstmord beging.

Auch waren es wahre Anstallten.

Unabhängig voneinander berichteten mir zwei Mitpatienten, zeitlich verschoben, in der forensischen Geschlossenen

Neustadt (festes Haus) hätten Pfleger versucht, sie umzubringen; sie berichteten von sehr heißen Duschen und sehr kalten Badewannen, die ihnen wechselnd angetan wurden, einer sagte, man hätte ihm dabei mit der Faust aufs Herz geschlagen.

»Wenn die Schlange zischt, hat es dich vielleicht gleich erwischt, einige können davon berichten, andere mitnichten!«

Wie sich's trifft, Haus 22, Psychiatrie Heiligenhafen (Schleswig-Holstein), (halb)offene Station vor langer Zeit (achtziger Jahre). Zuerst ich für Monate unter »Fluanxol« beim Stationsarzt G., der irgendwann ganz beiläufig in großer Runde meinte, Alkohol entspannt und hilft beim Einschlafen. So weit, so gut.

Anfang der Neunziger traf ich in Neustadt drei Mitpatienten, die den auch mir bekannten Pfleger Winter (Nachtwache) in Heiligenhafen, Haus 22, brutal überfallen hatten. Sie hätten frühabends in der Stadt getrunken und waren wohl in Feierlaune (?) zurückgekehrt, bevor nachts die Türen geschlossen wurden, von dem meist mürrischen und etwas strengen, was die Nachtruhe anging, Winter. Da beschlossen sie, nach Kiel zu fahren, überfielen den Winter, schlugen ihn sehr heftig, er wurde/blieb arbeitsunfähig. Einer von ihnen sagte später, er hätte sich ja nur die Stationskasse geschnappt. Sie nahmen sich ein Taxi und kehrten auf halber Strecke (nach Kiel) in einer Kneipe ein, wo sie dann von der Polizei festgenommen wurden. § 63, geschlossene Psychiatrie reichte allen für über 10 Jahre. Einer lebt inzwischen nicht mehr – seit Jahren keinen Kontakt mehr zu denen. Seitdem muss die Nachtwache doppelt besetzt sein.

Entgegen der Werbung von Pharmaindustrie und »Mietmäulern«: »Es gibt keine Hinweise darauf, dass schusselige Menschen ein erhöhtes Risiko haben, später im Leben an einer Demenz vom Typ Alzheimer zu erkranken.« Jörg Blech, »Die Psycho-Falle«, Seite 208, und führt aus.

Ganz allgemein muss man sich fragen, warum viele Medikamente trotz erheblichen, zum Teil kontraproduktiven Nebenwirkungen zugelassen werden. Geht es dabei auch um Geld?

Nazi-Land ist abgebrannt … und wieder aufgebaut.

I went too far? To India, ha, ha. »Wir taten in Indien im Reisfeld sündigen.« (Man trampelt ja auch nicht in Reisfeldern herum!)

Frankreich erfand die Psychiatrie, man kasernierte Arme und Bettler – mehr Schein als Sein.

Und die Singer-Songwriterin Michelle Shocked berichtete von einer Sprechstunde bei einer Psychiaterin, die konstatierte: »Your not crazy, your just poor!«

Keine Sorge, dass ich die Rente genieße bei den (Neben-Wirkungen), während andere arbeiten müssen!

»Am Morgen ein Joint, und der Tag ist dein Freund!« Easy Rider in den Sechzigern. So geil Cannabis sein kann, so abhängig macht es auch! Auch Alk kann anheiternd sein – der Schritt in die Sucht. (Wem sage ich es!)

Wissend, dass es als ein »Eigentor« gewertet werden kann, gebe ich den circa 50-fachen LSD-Konsum zu und berichte von meinen Erfahrungen, die den angeblichen »Bewusstseinserweiterungen« nach Professor und Dealer Timothy deLeary(um) widersprechen. Der u.a. meinte, man soll es mit Freunden/Freundin zusammen nehmen. Es haben sich viele im Rausch das Leben genommen – für mich war's oft der reinste, nicht enden wollende Horror, sodass ich 1977 den Konsum beendete. So sah ich, als ich meine Freundin küsste bei geschlossenen Augen, ein Knäuel sich windender Schlangen. Ein anderes Mal, meine Eltern waren im Urlaub, ich war alleine, entschloss ich mich, Erdbeeren zu pflücken. Also schnappte ich mir einen Eimer und ging zum 20 Meter entfernten Beet. Da kam mir mein Hund entgegen und bellte mich, was er noch nie vorher getan hat, laut an. Lag's am Tripp (persönlichkeitsverändernd) oder wollte er mich vor den (gespritzten?) Erdbeeren warnen?

Auf dem Neuroleptika »Dapotum«, als selbstmordgefährdend bekannt, sah ich eine große, langbeinige, weiße Spinne auf einer weißen Wand.

Und da sagt einer (Dealer?): »Man muss alles mal probiert haben!«

»Probieren geht über studieren! Also: Ein Bier oder mit Koks studieren probieren.«

»Einstiegsdrogen« – das sind die Gesetze eines Schwarzmarktes. Und legaler Alkohol ist auch nicht gerade vorbildlich (konsequent). (»Immer lustig und vergnügt, bis der Arsch im Sarge liegt«, Udo Lindenberg.)

Und: »Irren ist menschlich!«

»Unbeirrte« Betonköpfe begehen perfekte Verbrechen. Da ist es (nicht) verwunderlich, dass der medizinische Hochstapler, Gert Postel, später Buchautor (Biografie), nicht korrigiert wurde, Überprüfung seiner Atteste bzw. Gutachten; legal, illegal – scheißegal. Einmal psychisch krank – immer psychisch krank, ganze Existenzen für immer ruiniert. Ein Armutszeugnis der Neurologie!

Bemerkenswert war in der Forensik Neustadt auch der Stationsarzt Niemann, der Patienten keines Blickes würdigte, selbst wenn er mit ihnen sprach: Kein Ansehen! Arrogant wie so viele, da fällt mir das Wort Selbstgerechtigkeit ein, wo Delikte doch schnell zu sind, womit und von wem vielleicht niemand rechnet.

Schlimm war auch die vorherrschende Gemeinschaftsunterbringung rund um die Uhr. Ausgang gab's nur nach monatelanger Arbeit (Therapie), und das nur graduell gestaffelt, schrittweise. Vielleicht gewissermaßen nachvollziehbar, aber für wen hält man mich? Stigma! Manche brauchen ja einen Prügelknaben, Sündenbock. Belegungsprämien sind zu vermuten. Und man sammelt Erfahrungen mit Medikamenten, u.a. Blutwerte. Auch fällt man aus der Arbeitslosigkeitsstatistik. Und nicht zuletzt ist es Rufmord, wenn man nicht verrückt war, so wird man es, nicht enden wollender Stress, traumatisiert! Ein Pfleger: »Es soll Ihnen hier gar nicht gut gehen, sonst kommen Sie wieder!« – Wenn man wenigstens gut eingestellt (Medikamente) wäre! Und es ist (mir) nicht mehr verwunderlich, dass mit Neuroleptika Behandelte extreme Taten begehen, die Forensik ist voll Patienten mit »allgemeiner« Vorgeschichte!!

Da muss ein Paradigmenwechsel bezüglich Therapiemethoden her! Zum Beispiel mehr Psychologenarbeit (statt Psychiatrie mit chemischen Gaben) bzw. bessere Koordination der beiden Bereiche. Da fehlt es leider am guten Willen, anscheinend: Die Behandlung realisiert die Diagnose. Macht abhängig, so unangenehm die (Neben-)Wirkungen sind. (Hr. Hamann stöhnt ja immer!) Ärztin H. zum Pfleger unter vier Augen: »Sie sind nicht krank!« (circa Ende 2015). Wie auch circa ein Jahr vorher Ärztin K., Hamburg. Und dennoch …

Es gibt Bücher und Bücher und Bücher und … (Papier ist geduldig/und Ochsen auch). In diesem Zusammenhang ist von einem ehemaligen Mitpatienten, G. H., zu berichten, der auch selber davon sprach, er hätte nach einer Kastration immer noch einen starken Trieb, so versprach er einem jüngeren Mitpatienten eine Stange Tabak für Sex. Letzterer ließ sich darauf ein, erhielt aber keinen Lohn, was er dem Pflegepersonal meldete. Später soll sich G. H. bei Ausgang beim Klinikkindergarten rumgetrieben haben – Arrest.

Und noch von einem anderen möchte ich berichten: E. H. sagte mehrmals zu einem Pfleger K. bzw. in die Runde: »Seht mal, das habe ich alles geschafft (Industriearbeit)!« K.: »Es gibt Dumme und ganz Dumme; und dumm bist du nicht!« E. H. freute sich über dieses vermeintliche Kompliment. Das Ganze wiederholte sich (stereotyp-wörtlich zwei- bis dreimal). In einem anderen Haus (halb offenes) traf es sich, dass ich mit E. H. auf einem Zimmer untergebracht war. Beim Thema Pornografie fragte er nach Sodomie. Er soll bei Ausgang in der Stadt Minderjährigen Geld für Sex geboten haben – Arrest. In Sachen Rente war er ein richtiger Angeber, aber geizig! In Geldangelegenheiten wiederholt unzuverlässig – und andere hatten viel weniger.

In der Psychiatrie unterscheidet man »psychisch krank« von »persönlichkeitsgestört«. Letztere erhalten in der Regel keine Neuroleptika (die Glücklichen). Auch bei anderen spielte Alkohol zur Tatzeit eine große Rolle. Auch haben manche einen niedrigen IQ, zum Teil sind sie Analphabeten (sie kämen draußen schwer klar). (Doof bleibt doof, da helfen keine Pillen.)

»Tiere können keine Menschen sein, Menschen können Tiere sein«, Manfred Hinrich (1926–2015). »Männer sind Schweine, trau ihnen nicht, mein Kind …«, Songtext. Den Eindruck haben viele Frauen, insbesondere Prostituierte. Sie haben auch nicht immer Lust, kassieren Vorkasse und

»kobern«, Prost. – Jargon für Versprechen bei höherer Zahlung.

Themenwechsel:
Die US-amerikanische Psychiaterin Nancy Andreasen untersuchte mehr als 200 Schizophrenie-Patienten im Kernspintomographen und stellte fest, dass deren Gehirn geschrumpft war … je mehr Neuroleptika sie genommen hatten, desto größer war der Schwund. In einer anderen Studie haben Forscher die Hirnscans von 965 schizophrenen Menschen ausgewertet … »Patienten, die Medikamente bekamen, hatten häufiger strukturelle Anomalien« in bestimmten Gehirnregionen. Der Spiegel 50/2012, Seite 124: »Zum anderen hat das Heer der Hirnforscher auch in praktischer Hinsicht erschreckend wenig Handfestes vorzuweisen. Gleichgültig ob Autismus, Schizophrenie, Hyperaktivität oder Depression – bei keinem dieser weitverbreiteten Leiden vermögen sie die Ursachen zu benennen. Was im Hirn falsch läuft, wissen die Forscher nicht … Gehirn … nämlich ein komplex verdrahtetes Netzwerk ist.«

Wie kommen Sie zur Indikation bestimmter bzw. anderer Medikation? Und die Medikamente sind zugelassen. Immer noch.

»Ich mache nur meinen Job!«, ein Arzt, und es ist einfach die Lehrmeinung, wo Andersdenkende keinen Platz haben (»Eine Krähe hackt der anderen kein Auge aus!«). Aber es gibt auch andere Ärzte. Wenn auch vielleicht nur graduell.

Es geistert auch das Wort »unberechenbar« manchmal; soll der Mensch nur »funktionieren«, eine Maschine sein?

»Mehr als 4,5 Seiten liest keiner!« Dagegen stehen Jahrzehnte meines Lebens.

Gentle Giant: »Ways never change, they stay – strange ways!«

Habe unzählige Kröten geschluckt, und einmal im Drei-Mann-Zimmer wurde ich von einem gewissen Arno S., ich weiß nicht wie, hypnotisiert. Bewusst ist mir nur das Ende des Ausfragens, erzählt von I. K. (siehe S. 11), es hätte ihr »nichts ausgemacht, von vier Männern vergewaltigt worden zu sein«.

Jahre später bei andauernden Annäherungsversuchen, vergeblich, fragte ich sie (ironisch): »Kommst du mit in den Puff?« »Na klar!« Arno S.: »Und dann?« Ich: »Das war's dann«, und wachte auf mit A. S. Bemerkung zum Dritten: »Der ist gefährlich!« Danach langes Schweigen von allem. Arno S. ist gefährlich. Zu seinem Anlassdelikt äußerte er sich so: Er hätte volltrunken eine »Oma«, Nachbarin, vergewaltigt. (Manche reden im Schlaf.)

Traf auch einen Mitpatienten, der, alkoholabhängig, vom Rasierwasser-Trinken erblindet war. Neben vielen Alkoholkranken, bzw. zur Tatzeit Betrunkenen, gab/gibt es da auch einige sogenannte »Politoxikomane«, die »alles« nehmen. Einmal auf dem begleiteten Weg zum Kiosk nahm einer einen Pilz vom Wegesrand und aß ihn. »Was ist das für ein Pilz?«, fragte ich. Er: »Weiß nicht.« Noch ein anderer behauptete, Heroin sei gar nicht gefährlich, wenn nicht die Beimischungen wären. Es gab auch einen Spruch: »Was einen nicht umbringt, macht einen nur noch härter!«

Gleiches (Un-)recht für alle, Gleichmacherei, Gemeinschaft(s-Zellen-Zimmer zu 99 Prozent meiner Zeit). Dauerstress, die Würde würde … Die Diagnose und Prognose Gewohnheitsrecht, da kann man ja gar nichts verkehrt machen; kraft Amtes bzw. Autorität! Und eine Ärztin verstieg sich sogar u.a. zur Behauptung, ich sei »autistisch«, nur weil ich der Musik wegen meistens Kopfhörer hörte. War aber ansprechbar.

Ein Deutscher Schäferhund hat ein Platzanrecht auf mehr Quadratmeter als ein Patient.

Just die sechs Jahre, Geschlossene, Neustadt, von den knapp 14, waren es in dem Haus ca. 50 Prozent Analphabeten. Man sollte sie ja nicht verachten und tatsächlich hatten viele eine gewisse »Bauernschläue« entwickelt; aber der Ton macht die Musik (»Pack schlägt sich und verträgt sich«), und so hörte ich (auch da) lieber »meine« Musik. Ganz allgemein befinden sich überproportional viele Raucher in Psychiatrien, wobei meist sehr starker Tobak, schwarzer, bevorzugt wird. Grund ist auch Langeweile, und man »hält« die Klappe!

Langeweile in Bezug auf Mangel an sinnvollen Beschäftigungsmöglichkeiten, wenn's die (oft schlechte) Medikamenteneinstellungen überhaupt zulassen.

. Neuroleptika = Nervenlähmungsmittel; Kollateralschaden inbegriffen. Will man Kranke oder Gesunde? So vorgeführt ist die jährliche Anhörung (gerichtliche) reines Prozedere, Formsache (und sowieso). Das Recht auf körperliche Unversehrtheit abgesprochen (bagatellisiert die Straftat) und das bei »Rücktritt vom Versuch« bzw. (leere) »Bedrohung« sofort abgebrochen = 14 Jahre Geschlossene. Es genügt die »Gefahr von erheblicher Straftat«. Da kann der Arzt ja gar nichts verkehrt machen. Maßregel, das Übermaß ist die Regel. Berufskrankheit.

Zusätzlich wurde ich vom übermächtigen Vater (26–16) finanziell abgestraft, was die Erbmasse angeht, die er zum großen Teil Stieftöchtern überließ, allerdings mir eine mittlere Leibrente von einer mit 23x2,5-Zimmer-Wohnungen bedachten bestimmte (2004). (Früher war man als »Geisteskranker«

automatisch »erbunwürdig«. Wiederholung?) Sehr lange her! Er starb am 5. August 2016 nach langer, schwerer Krankheit (Gott, hab ihn selig!). Eine Ärztin vor Jahren: »Dann kriegen Sie die Musikanlage!« Kein Kommentar.

Mal traurig, mal heiter, das Leben geht weiter … bis in die Kiste … hey! Da ist se!! (Staatsanwalt: »Lebenslänglich Medikamente.« Ich: Sogenannte.)

Dabei ist eine Leitformel der Gerichte: »In dubio pro reo« – im Zweifel für den Angeklagten. Wie kann man sich da so sicher sein? Juristen sind im Allgemeinen von Haus aus streitsüchtig, leben davon, täglich Brot, Job. Manche so selbstherrlich wie »Götter in Weiß«. Neben »bagatellisieren« wird/wurde auch oft von »Krankheitsuneinsichtigkeit« gesprochen; betreffs Kritik an den sogenannten Medikamenten. Mein Bedauern der Anlasstat(en) bekundete ich oft, wenngleich ich wahrheitsgemäß relativierte. Ich wiederhole Dr. med. H. Lorenzen, 13.8.2014: »Hr. H. weiche trotz seiner Psychose vor der Ausführung aggressiver Handlungen zurück«, und zitiert Dr. Lotze von 2006: »… hat Herr Hamann eben nicht konkrete Gewalt ausgeübt.«

Für wen hält man mich?! Zwei Psychiaterinnen sagten mir unabhängig voneinander unter vier Augen (2014 bzw. 2015): »Sie sind gar nicht (Wiederholung) psychisch krank!« Und setzten dennoch die Behandlung fort!! Und da sagte einer: »Nur Flaschen lassen sich abfüllen!« Klugsch… Früher war ich von Hasch (?) manchmal schachmatt in einem (Atem-) zug. Bevor ich 1969 mit dem Rauchen anfing, hörte mein Vater mit seinem Sonntagsrauchen von Zigaretten auf, und ich dachte, das geht so einfach.

Noch eine Replik zu dem auf Seite 1 erwähnten drastisch/dramatisch erhöhten Brustkrebsrisiko bei Frauen (Tod meiner Schwester, 45-jährig) ist zu machen: Eine Mitpatientin berichtete von siebenfacher Häufung bei einem nicht weiter bestimmten Medikament. Vor einigen Jahren rief ich beim Peter Lehmann Antipsychiatrieverlag und Versandbuchhandel an, weil es mir keine Ruhe gab! Dort konnte man mir das nur bestätigen, verneinte einen (möglichen) »Druckfehler«. Ungeheuerlich!!! Auch wenn die Bemerkung vielleicht doch nicht ganz passend ist, und man/ich »zur Tagesordnung« anscheinend übergehe: Frauen sind wesentlich seltener kriminell, wenngleich 90 Prozent aller Giftmorde auf ihr »Konto« gehen.

Diesbezüglich ist zu erwähnen, dass 2001/+-1 mein Tonbandgerät schnell kaputt ging, und ich in der »Avis«, Schleswig-Holstein, eine Heiligenhafener Telefonnummer kontaktierte, die gebrauchte Geräte anbot: Es wurden drei in Monatsetappen, da eins nach dem anderen kaputt ging – bekam jedesmal, auch bei hausinternen eingehandelten Revox-Machines, lebensgefährliche Stromschläge. Der Erstere erwähnte beiläufig bis bedeutungsvoll seine Freundschaft mit einer gewissen Suzanne, als wisse er um eine Begegnung von ihr mit mir, obwohl ich über 10 Jahre nicht dort war (LKH) und auch keinen Kontakt mehr dorthin hatte. Eine Katze hat sieben Leben, andere keine. Ein Arzt bescheinigte mir kürzlich, ich sehe älter aus, als ich bin, stimmt. (S.o.: »... nicht psychisch krank: schizo-affektiv!«)

Und noch ein Wort zu meinem Vater: Apropos »Workaholic«, ein Ergotherapeut, K.: »Ein klarer Kopf ist die beste Droge!« Da ist was dran. Vater früher beizeiten: »Gegen einen Misthaufen kannst nicht gegenanstinken.« Recht hatte er.

Nach dem Tod meiner Schwester Anke (einziges Geschwister) ging es ihm monatelang so schlecht, dass die vor Ort (ich in der Forensik) bei ihm wohnenden Stieflichen ihn schon

»abgeschrieben« hatten, wie ich später erfuhr. Monate vor seinem Tod sagte mein Vater am Telefon: »Nicht, dass du vergisst, was zu essen!« Letztendlich verweigerte er die Nahrungsaufnahme, zum Schluss ganz bettlägerig, mit einem Tropf, soll gesagt haben: »Ich möchte sterben!«, lehnte Krankenhaus ab und starb, verhungerte nach fast drei Wochen zuhause.

Zuletzt sahen wir uns vor vier Jahren, wo er mich besuchte, ließ sich fahren. (Ich bin, bis auf die elf Monate in der Hamburger Psychiatrie 2014, circa sechs Jahre nicht mehr aus Lüneburg rausgekommen.) Auch die starken Sprachprobleme seiner Frau (82) nach einem Schlaganfall, viel Silben- und Lautwirrwarr, eine Verständigung war kaum möglich, machten ihm sicherlich zum Schluss zu schaffen.

Oft war in den Verlängerungsbeschlüssen des Landgerichts Lübeck (Fortdauer der Unterbringung) von drei Ermittlungsverfahren die Rede, ohne näher darauf einzugehen. Man hat so lange als unschuldig zu gelten … einmal gab's eine Geldstrafe von 100 DM ca. 1980, Hamburg, wegen Erwerbs von 2 g Hasch, andere frühere Urteile gab es nicht. Zugegeben einmal ein 50-Gramm-Käsediebstahl wurde eingestellt. Und ein Autodiebstahl in Elmshorn, ich hatte schmerzende Blasen an den Fußsohlen, ging eine Straße nachts und bemerkte ein führerloses Auto mit laufendem Motor. Wie sich erwies, war die Tür unverschlossen und der Schlüssel steckte. Ich Gas gegeben und los nach Wedel, wo ich tankte, dann zurück und wurde von der Polizei erwischt, gestellt. Am nächsten Tag ließ mich meine Mutter nicht ins Elternhaus, später dann doch, wo ich die Zeit wohnte. Weiter psychiatrisch. Und von einer »gestandenen« Tat in Hamburg wäre vielleicht auch noch zu berichten. »Wenn Sie gestehen, können Sie wieder gehen.«

Der Reim darauf: »Ermittlungserfolg«, gut für den Polizisten und die Aufklärungsquote. (Es soll sich um einen einfachen Voyeurismus plus Exhibitionismus gehandelt haben.) Nie wieder was davon gehört. (Ende der Siebziger).

Ach ja: Und einmal habe ich aus Geldmangel (sagte meinen Eltern und dem Arbeitsamt, ich möchte nur halbtags arbeiten, letzteres bescherte mir eine amtsärztliche hundertprozentige Arbeitsunfähigkeit [?], verweigerte mir eine entsprechende Bescheinigung, Beamter Sch.) eine Zigarettenschachtel gestohlen. Fazit: Es gibt Wichtigeres!

Später versuchte ich mich als Gebrauchtfahrradhändler und Korbflechter mit sehr bescheidenem Erfolg. Manchmal half ich in der elterlichen Landwirtschaft, u.a. ermöglichte das meinen Eltern seit Mitte der sechziger Jahre zweimal im Jahr Urlaub, versorgte die Tiere.

Aber trotz kritischer Infos (Bücher u.a.) ließ mein Vater nicht an der psychiatrischen Diagnose und Behandlung rütteln, verwies bis zuletzt auf die Ärzte, nicht ohne, wie bereits erwähnt, mich finanziell abzusichern; schizo-affektiv!

Ich als Abiturient müsste es nun wirklich besser wissen, was erlaubt ist und was nicht. »Unwissenheit schützt nicht vor Strafe!« Insbesondere eine Frau verdrehte mir den Kopf – Wiederholung betreffs Vergewaltigung –. Aus Spaß sagte einmal ein Mitschüler: »Vergewohltätigung«. Und in den »Elmshorner Nachrichten« gab es mal, sehr lange her, eine Kurzmeldung mit Verweis auf einen englischen Professor: »Die Hälfte der Frauen müsse man vergewaltigen!« Noch ein anderes Magazin ca. 1983–1984: »Eine Studie in Wedel (Ingrid K. nicht genannt) hat ergeben, dass sexuelle Gewaltdarstellungen besonders erregen. »Jeannie« von Falco wurde just in der Zeit verboten, im Radio zu spielen.

Man sollte es wirklich besser wissen, Gewalt in jeglicher

Form ist strengstens untersagt, auch der Versuch ist strafbar, Rücktritt vom Versuch <u>kann</u> als strafbefreiend gewertet werden. Gewaltmonopol des Staates!

Meine »rechtschaffenden« (eine Ärztin kürzlich) Eltern verrieten dem Gymnasiumsdirektor Dr. Hermann Athen, ein berühmter Mathematiker, Mathe-Bücher-Autor, die Schule berühmt wie er, meinen Haschischkonsum. (Ein Mitschüler wechselte aus Angst vorm Sitzenbleiben aufs Gymnasium seiner Nachbarstadt und verbesserte die Zensuren um zwei Punkte. Er langhaarig wie ich, auch (gelegentlich) Kifferkumpan. Dr. H. Athen bestellte mich in einer Pause ein und sagte: »Ich genehmige mir auch manchmal einen kleinen Schnaps – wie ist denn Hasch so?« Ich: »Das kann man nicht beschreiben.« »Lassen Sie es sein!« Die Unterprima musste ich wiederholen. Dr. H. Athen bot damals schon als Alternative zur Philosophie einen Computerkurs an. (»Dem gehört die Zukunft«, sagte er schon damals), Digitales (0 oder 1). Keine drei Stunden weiter fragte er uns: »Wie erkennt ein Mensch Entfernungen?« Ich: »Beide Augen sehen etwas scharf an, und per Messung der beiden Blick-Augen-Richtungswinkel ergibt sich die Entfernung.« »Quatsch! Setzen!« Redundant: Linsenkrümmung bzw. »aus Erfahrung«. Wechselte zur Philosophie, zu Karl Marx – 'ne Eins. Besonders schätzte ich Jean Paul Sartre mit seinen »Existentialismus«–»Leben um zu leben«, auch wenn ich nicht so belesen bin, u.a. eine (Neben-)Wirkung von Neuroleptika, und damit stehe ich bei weitem nicht alleine da bzw. liege. Konzentrationsstörungen im Allgemeinen.

Nachtrag: Es war ein Gymnasium für Jungen bis die letzten zwei Jahre. Für mich/uns gab es dort nur ein Klassen-Schachturnier, wurde Erster. Nie im Verein, so gab es bei anderen Turnieren meist den ersten Platz, was ich nicht ganz ohne etwas stolz vermerke, auch wenn es Wichtigeres gibt, und Computer inzwischen besser sind als Weltmeister. Von Menschen geschaffen.

Ein Ergotherapeut verstieg sich: »Schach ist ein Kriegsspiel!« Spiel! Aber Krieg wirklich, im Vergleich, sehr abstrakt.

Eine Idee, die es zu überprüfen gilt. AKWs als Mahnmal stehen lassen, als Lager für strahlende Brennelemente nehmen, sie gelten als gering ausstrahlend; mit dem milliardenkostenden Abriss hat man nur noch mehr Atommüll, der Radioaktivität freisetzt. Und schockierend: So will z.B. Polen sechs neue AKWs bauen, man sollte denken, dass man aus Schaden (Tschernobyl und Fukushima) klug wird. Dabei gibt es bessere Alternativen, wie (fast) jeder weiß! Psychiatrisches KG (Kranken-Gesetz), Einweisung bei »eigen- und/oder Fremdgefährdung!«. Und Zwangsbehandlung.

Themenwechsel:
»Ich mache alles mit, auch einen Ritt zu dritt, und bin ganz nett, nicht nur im Bett.«

J. J. Cale: »But what can a poor boy do, if he wants a girl like you, can't afford diamond rings and all that fancy things?«

J. J. C.: »City girls, they are allright, they just want you for a night, but when it comes to dawn, city girls are gone.« (City girls)

Sexy Outfit-Arbeitskleidung.

Just a case of time and you will be mine. (9. August 2016)

Ob Sommer, Herbst, Frühling oder Winter, alle Jahreszeiten liebt der Günter. Wir leben (noch) in gemäßigten Breiten, aber es gibt jetzt schon Horrormeldungen aus vielen Ländern, Regionen der Welt und eine globale Erwärmung, alle Verbrennungen (Hitze und CO_2) sind einzustellen, das sagen auch andere, seit langem. Business as usual – nach, nein, mit uns die Sintflut! Just kam die Meldung über ein Rekord-Abschmelzen der Arktis.

Themenwechsel:

Auch Tabakkonzerne haben systematisch Suchtverstärkungsmittel beigemischt – alles hat ein Ende, nur die Selbstgedrehte keins! King-Size-Sklavenscheiß! Das Buch »Endlich Nichtraucher!« gibt kluge Ratschläge, wo der Autor doch selber per Hypnose befreit wurde, was er trotzdem als gefährlich einordnete. Seine Essenz: »Geh' hinaus, es gibt vieles zu entdecken!« (Ich las das Buch in der Geschlossenen.) Vielleicht ist was dran.

»An chronisch Kranken interessiert!« Ich am Telefon mit einem Mitpatienten: »Damit lass uns Schluss machen!« Irgendwann ist Schluss, so sicher wie beim Amen in der Kirche.

Nach dem Erledigungsbeschluss vom OLG Schleswig, 15.10.2002, nach einer Weile, wandte ich mich an den Petitionsausschuss Kiel mit der Bitte um Haftentschädigung (ohne Anwalt). Wurde abgelehnt. Mir ging es auch um eine Art Rehabilitation.

Kurze Zeit nach dem zweiten Anlassdelikt in Hamburg wurde ich, wie bereits berichtet, vom Krankenhaus (Psychiatrie) zum Staatsanwalt befördert. Ich hätte nur ein vorgefertigtes Papier zu unterschreiben mit meiner Aussage: »… wollte ihn nicht verletzen.« Hab ich auch nicht, impliziert aber, ich hätte es! (… für möglich gehalten.)

Aber zurück nach Neustadt: S. M. in Gemeinschaft mit uns im einzigen (Raucher-)Raum, sehr klein, selber Nichtraucher, ging den kurzen Weg auf und ab, wie ein Tiger im Käfig, und sagte etliche Male: »Ich möchte auf Zelle!« Unerhört, schlug er mir, ich am Gang sitzend und rauchend, die Brille vom Kopf. Mehrere Pfleger schlugen ihn, schon auf dem Boden liegend, minutenlang, und er schrie. Dann hatte er sein Ziel, die eigene verschlossene Zelle erreicht.

Einmal saßen wir im Hof, auf zwei Bänken, zwischen uns ein Tisch, als sich Wespen näherten und u.a. einem gewissen W. M. auf die Hand, auch zwischen die Finger krabbelten. Als eines sich mir näherte, schlug ich nach ihr und verjagte sie. W. M.: »Schlag nicht nach ihnen, die tun nichts!« »Habe immer schon nach ihnen geschlagen und bin nie gestochen worden.« Am nächsten Tag bei derselben Bank saß er: »Hier guck mal, bin gestochen worden«, und blickte mich vorwurfsvoll an, mit dick angeschwollenem Finger.

Und ich bin ja ein Warmduscher – etwas Warmes braucht der Mensch! Weiche Eier esse ich auch manchmal gerne.

H. H. beim Arzt D. im Sprechzimmer. Dr. D.: »Was sind Sie von Beruf?« »Discjockey.« »Da müssen Sie auch verrückt geworden sein!«

Englische Schlossgespenster reißen sich um Bettlaken mit dem Aufdruck: »Fachklinik Neustadt.« Aber mal ernsthaft: Im »Festen Haus« bzw. Hof wird jahrelang keine Fernsicht gefordert, man neigt zur Kurzsichtigkeit, wie auch viele Kurz-in-der-Hand-Bildschirm-Betrachter, langzeitlich, wie kürzlich vermeldet wurde. Sehstörungen, sogar Augenschäden werden zudem bei verschiedenen Neuroleptika vermeldet. Augenschmerzen hatte ich Mitte der Neunziger Jahre bei einer sehr hohen Dosis Leponex, Generika Clozapin, und man stellte eine Kurzsichtigkeit fest.

Zwangsbehandlungen sind (inzwischen) verboten, aber da gibt es eine Hintertür: Sie sprechen von »Krankheitsuneinsichtigkeit« und entlassen einen nicht (sagen sie zumindest).

Teuflisch: LSD ist »nicht nachweisbar«, Millionstel Gramm. Also weichen viele auf die leicht zu schmuggelnde harte Droge aus. Der Wahnsinn schlechthin, und manche begehen Selbstmord. Meiner Schwester Anke hat man wahrscheinlich so etwas auf dem Roskilde-Festival reingetan. Ihr Begleiter lieferte ihr Auto bei den Eltern ab und entschuldigte sie. Eine Woche später kam sie dann zurück, Wochen später eine Rechnung eines dänischen Krankenhauses; die Eltern fielen aus allen Wolken. (Ende der Siebziger.)

2004 auf dem Hansaplatz: Eine Frauenstimme aus irgendeinem Fenster: »Das war doch kein Hasch; ich liebe dich!«

Cannabis lässt Adern im Auge (und sonstwo) platzen und kann Nierenschäden verursachen. Junge Leute müssen mit einem Intelligenzdefizit rechnen. Rauchen auch im Allgemeinen, Kortschnoi, Kettenraucher, war ewig Zweiter im Weltmeisterschach.

Aber wie kommt man zu einer bestimmten Diagnose und insbesondere zu einer Indikation (eines gewissen Medikamentes)? Es ist häufig ein Ruhigstellen um jeden Preis, den der Patient zu entrichten hat. Ein Rumdoktern an den Symptomen. »Der Mensch ist das gefährlichste Raubtier!« Da gibt es dann auch viele interessierte »Steigbügelhalter«. Das »perfekte Verbrechen«. (Bzw. man unterwirft sich den »Göttern in Weiß«.) Zugegeben: Bin von 16 Jahren Forensik traumatisiert.

Dabei gibt es »das Recht auf körperliche Unversehrtheit« und »das Recht auf freie Meinungsäußerung«. Und das Verbot von seelischer Grausamkeit! Wenn nicht …, wer dann?

Würde die Würde unantastbar sein, dann …

Mein Vater mehrfach: »Gegen einen Misthaufen kannst du nicht gegenanstinken!« und dennoch … (Der alte Knochen soll verrotten!)

Es gibt keine Liebe! – Außer man macht sie! Liebe auf den ersten Fick (?) »Ist der Ruf erst mal ruiniert, lebt es sich ganz ungeniert!« Und Eile zur »geilen Meile«. – Warte, warte noch ein Weilchen, dann kommt Hamann auch zu dir, und mit seinem Pfeifchen macht er einen glücklichen Mensch aus dir!
»…!« »Ja, ja.« »Ja, ja heißt: Leck mich am Arsch!« »Ja, ja.«

I'm red, they don't let me forget!
I'm red, allright, and I never let them forget!
(Frei nach Jack Johnson)

Zu erwähnen ist auch die Tatsache, dass ich nach der ersten Anlasstat (1984) Anfang 1986 zur Bewährung (§ 63 pauschal 5 Jahre) verurteilt wurde. Februar 1989 kam es dann zur Verhandlung betreffs Widerruf. Versuchte im Vorfeld (jahrelang) eine verträgliche Medikation mit diversen Fachärzte(-idioten)n auszuhandeln, die erwiesen sich nicht hilfreich, sodass ich 1988 das Glianimon »ausschlich« und, wie bereits gesagt, mit Pegeltrinken von Alkohol substituierte. Es gab noch andere weitgehend haltlose Vorwürfe: »Seine Freundin könne er nicht unterhalten; sie hat es nur auf die Erbschaft vom Vater abgesehen.« »Verwahrlost«, »Drogenkonsum« – »negativ!« »In der Familie aggressiv« – ohne Schuldzuweisung ärgerte ich mich nur lautstark über den Verlust von 100 DM, was damals viel Geld für mich war. Meine Schwester Jahre später: »Das haben wir nicht gesagt.« (Tel.) »Gib das bitte schriftlich!«, ich: »Nein, das mache ich nicht!«
Der Fluch des Geldes! Vater kassierte »Kindergeld« und sparte Unterhaltszahlungen – das erhöhte Taschengeld tat ihm bestimmt nicht weh. Nachzutragen zu oben Genanntem ist, dass hinzugezogener Gutachter Dr. J. Schuster sich für eine Unterbringung im »zuständigen Krankenhaus Heiligen-

hafen« für zunächst ein Jahr aussprach; 14 Jahre forensische Abteilung Neustadt wurden es, und das als »Erst-Täter«.

Und zu den bereits etwas gesagten Umständen des zweiten (und letzten) Anlassdeliktes, 11.4.2004, bleibt noch hinzuzufügen, dass ich zunächst unbewaffnet die Tür des Nachbarzimmers öffnete und einen mir unbekannten jungen Mann sah. Ich wähnte den mir aus der Sengelmann-Klinik bekannten G. K., der Monate vorher für wenige Tage das besagte Zimmer bewohnte (Paranoia). Ich schloss die Tür wieder (von außen), aber der Mann folgte mir auf den Flur und verlangte eine Erklärung. Ich fühlte mich bedroht und holte eine Kombizange und einen großen Schraubendreher und kam ihm nahe. Als ich mich dann von ihm abwendete, lief er zur Treppe, und ich schrie ihm noch zu: »Gehe runter und sag Bescheid, was hier los ist!« Es kam einer freiwilligen Einweisung gleich.

Es kommt nicht selten vor, dass insbesondere psychisch Kranke in Pensionen Selbstmord begehen.

September 2016 gab's die vier sich fortschreibenden bzw. geänderten Testamente meines Vaters Ernst: 1992, 1999, 2004 und 2012, wobei das letztere nicht mich betrifft.

1992: Meine Schwester Anke ist Alleinerbin, meine Stiefmutter erbt das Einfamilienhaus samt kleinem Grundstück, Banknoten, monatlich 1500 DM von Anke und schließlich an mich monatlich 500 DM sollte ich »dauernd <u>als geheilt</u> entlassen« werden: 2000 DM monatlich. (Sein Vermögen gibt er mit zwei Millionen an.) Unterstrichenes ist eine sogenannte »Behinderten«-Erbschaft und entspricht einer teilweisen Erbunwürdigkeit wegen Geisteskrankheit (inzwischen abgeschafft!). Und wer hat überhaupt Interesse an einer Heilung?!

Nach dem Tod meiner Schwester 1996 verfasste mein Vater

1999 eine komplette Neufassung: Seine Frau wird Alleinerbin, und ich werde in § 2 monatlich mit 1500 DM (stationär) bedacht. Und mit demselben Passus (»als dauernd geheilt entlassen«) spricht er mir monatlich 1500 DM zu und Verschaffung einer Eigentumswohnung: Maximal 60 qm, maximal 250.000 DM. Die Wohnung soll in Elmshorn gelegen sein (Letzteres unzulässig?).

2004, nach meinem Rückfall im April, änderte er mündlich den § 2, es hätte ihm jede Hoffnung auf Heilung genommen, mein Kommentar. Da hingehend überließ er extra-vertraglich einer Stieftochter, Frau H., 23x1/2-Wohnung, den Löwenanteil der potentiellen Erbmasse, mit der Bedingung, mir 1500 Euro monatlich (mit Wertsicherungsklausel) auszuzahlen. Vergessen eine Eigentumswohnung. »Ich habe ausdrücklich angeordnet, dass mein Sohn sich die von Frau H. zu zahlenden/gezahlten Beträge auf einen etwaigen Pflichtteilsanspruch nach mir anzurechnen hat.« Zulässig? Und weiter: »Ich ordne hiermit weiter an, dass die Rentenbeträge, die Frau H. nach meinem Ableben an meinen Sohn zu zahlen hat, meinem Sohn als Vermächtnis gewährt werden.« So weit dazu.

Das Neuroleptikum Clozapin (Handelsname: Leponex) nimmt eine – auch rechtliche – Sonderstellung ein:

Leponex kam 1974 als »Wunderpille« auf den Markt – es wirkt wie die anderen mittelpotenten Neuroleptika allgemein dämpfend auf Denken und Fühlen, verursacht aber – so scheint es – kaum oder keine Bewegungsstörungen (wie Dyskinesien, Akathisie usw.). Dennoch musste das Mittel 1977 wieder eingezogen werden, da es bei mehreren Patienten zu tödlich verlaufenden Blutzellschäden (v.a. sog. Agranulocytosen) kam. Hierzu schreibt die Herstellerfirma in einer

Info-Broschüre für Ärzte: »In den ersten Jahren der Leponex-Therapie war die Letalität (= Todesrate) der Agranulocytosen recht hoch ...«, und über die Höhe dieses Risikos heißt es: »Das Risiko einer Agranulocytopenie oder Agranulocytose unter der Behandlung mit Leponex ist je nach Population sehr verschieden. Es reicht von etwa ein bis drei pro Tausend in Mitteleuropa bis zu etwa ein bis zwei pro Hundert in amerikanischen Studien ...« Von vielen Psychiatern wird das relativ hohe Risiko einer Agranulocytose (wie sie von der Hersteller-Firma mitgeteilt wird) auf unverantwortliche Weise verniedlicht.

Nachdem Leponex eine Weile nicht im Handel war, ist es nun – auf Betreiben von Psychiatern – seit vielen Jahren wieder eingeschränkt einsetzbar; es müssen regelmäßige (z.B. wöchentliche) Blutkontrollen gemacht werden. Doch es ist keineswegs ausgeschlossen, dass immer wieder Menschen in Folge der Medikation sterben.

Leponex soll – entsprechend den gesetzlichen Anwendungsbeschränkungen – nur bei sog. »schweren psychotischen Krankheiten« eingesetzt werden, »... vorausgesetzt, dass ... der Patient auf andere vergleichbare Medikamente nicht anspricht ...« (Beipackzettel).

Leponex hat viele neuroleptika-typische Beschwerden wie schwere Herz- oder Kreislaufstörungen, Erzeugung von Fieber, und – am häufigsten von allen Neuroleptika – kann es zu epileptischen Krampfanfällen und zu Delirien (= akute Verwirrtheitszustände) führen.

Die Herstellerfirma nennt eine wahrlich lange Liste von Nebenwirkungen und am Ende heißt es: »Sonstiges: ... vereinzelt unerwartete, plötzliche Todesfälle ...«

Wer Leponex absetzen will, sollte dies nicht plötzlich tun und Vorsichtsmaßnahmen (s. S. 235) beachten.

Neu entwickelte Neuroleptika (z.b. Risperdal) wirken auch durch Blockierungen an Dopamin-Rezeptoren und unterscheiden sich – hinsichtlich der Risiken – nicht wesentlich von den »alten« Neuroleptika.

Über die Dauer einer Neuroleptika-Behandlung schreibt Prof. M. Akkenheil: »Absetzversuche nach 6 Wochen, wenn anamnestisch eine niedrige Frequenz schizophrener Schübe bzw. eine gute Remissionstendenz der einzelnen Krankheitsschübe bekannt ist.«

Weiter unten: »Immer mehr Ärzte, Psychiater und Betroffene fordern ein Verbot von (zumindest) hochpotenten Neuroleptika.«

Dr. med. Josef Zehentbauer: Chemie für die Seele, S. 244 und 245 (2010).

Und S. 235:

»Neuroleptika absetzen …

Wer monate- oder jahrelang (Depot-)Neuroleptika bekommen hat und jetzt von sich aus absetzen möchte, sollte dies schrittweise tun, und seine Dosis über mehrere Wochen (oder Monate) allmählich reduzieren. Er sollte sich in jedem Fall an einen Arzt seines Vertrauens wenden, um die Möglichkeit einer (vorübergehenden) ›Ersatzmedikation‹ zu besprechen (also z.B. pflanzliche Beruhigungsmittel oder – kurzzeitig – Tranquilizer).

Nach Absetzen der Neuroleptika empfinden manche die Gabe von Vitamin-B-Präparaten (Tabletten oder Injektionen, siehe Seite 288) als zusätzlich stabilisierend; bei einigen scheinen sich auch die Spätdyskinesien unter hohen Dosen von B-Vitaminen etwas (manchmal sogar deutlich) zu bessern. (Das Weglassen von Neuroleptika bleibt dabei Voraussetzung!).

Zusätzlich ist es ratsam, einige nicht-medikamentöse Alternativen in Anspruch zu nehmen, beispielsweise eine psychotherapeutische Betreuung.«

S. 255: »Weder chemische noch alternative Medikamente können Wahnvorstellungen oder Halluzinationen wirksam und auf Dauer vertreiben.«

S. 254: »Ein Betroffener über Neuroleptika: … Dann Zittern, Unkonzentriertheit: Dass ich zum Beispiel nach einer Seite keine Zeitung mehr lesen konnte. Früher habe ich zig Bücher gelesen – das ging auch nicht mehr. Dann die Essenslust.« U.v.m.

Kann ich aus meiner eigenen Erfahrung vollständig bestätigen!

Arzt ist nicht gleich Arzt. (Wem sage ich es?!)

Aber man sagt auch: »Eine Krähe hackt der anderen kein Auge aus!«

In Deutschland sind ca. 50.000 verschiedene Arzneimittel auf dem Markt, während der Niederländer mit 5000 auskommt.

»Seit Einführung der Neuroleptika hat sich die Selbstmordrate verzehnfacht«, Peter Lehmann zitiert.

Hinzu kommt noch das ungesunde, stressreiche »Leben« einer geschlossenen Station – habe einen Kühlschrank vermisst, rauchte wie ein Schlot.

Psychisch (chronisch) Kranke fallen aus der Arbeitslosenstatistik. Als Testkaninchen (Dr. B.: »Sie haben doch keine so lange Ohren!«) hat man noch Verwendung und das langzeitlich.

»Krankheitsuneinsichtigkeit«: Verwende meinen Schwerbehindertenausweis (100 %). Je höher man kommt, desto tiefer kann man fallen!

In einem anderen Fall Professor zum Knacki. Dr. B.: »Lassen Sie das Beschwerdeschreiben; Sie lösen ganz oben eine Lawine aus, die sie dann erschlägt!«

Und was (medizinisch) den einen in den Selbstmord treibt, lässt den anderen sich wohlfühlen. Ein Insider: »Beobachtungen aus meinem Arbeitsfeld legen eher eine Umkehrung nahe: Die Suizidrate ist in therapeutisch-inaktiven Bereichen unseres Krankenhauses niedrig, in therapeutisch-aktiven eher hoch.« Es macht (sedierten) Patienten zu viel Stress. Hü, hott. Auch Armut steht mit der Psyche in Zusammenhang – Geldsorgen machen krank und »fast die Hälfte der Suizidierten hatte alleine, sozial isoliert oder in Einzelzimmern von Pensionen gelebt und sei ohne Arbeit gewesen. Zweidrittel hatte innerhalb der letzten drei Wochen vor ihrem Tod Kontakt mit psychiatrischen Diensten.« Letzteres zitierte betreffs Entlassene. (Peter Lehmann, Schöne Neue Psychiatrie, Band 1, S. 113)

Der Hohn: Der Botenstoff »Dopamin«, für Glück und Belohnung zuständig, wird unterdrückt, Depressionen und Niedergeschlagenheit sind die Folge. Und auch beim Botenstoff »Serotonin« setzt man an; wenn's so einfach wäre!

Noch eins zu oben: Ältere Menschen neigen vermehrt zu Depris, selbst bei niedrigen Dosen.

Und da fordert die Staatsanwaltschaft Hamburg: »Lebenslänglich …«

Wiederholung: »Gefahr vor nicht unerheblichen Straftaten!« Vorverurteilt – Vorurteil; Stigma. Und Stoff, aus dem die Albträume sind.

Dabei gab es drei Mittel, die ich gut vertrug und den Ärzten mehrfach vorschlug: Imap, Orap und Solian (wenn's nicht zu hoch dosiert ist). Dagegen seit 2005 Leponex = Clozapin in verschiedenen Kombinationen.

»Hr. Hamann stöhnt ja nur.« Dr. H.

Aus Schaden wird man klug – wenn man nicht verblödet! (Hirnschäden)

Und nochmal: Und wenn man nicht krank war, so wird man es!

Dabei wurde ich »vom Vorwurf <u>frei</u>gesprochen«. (Einweisung)

Und der Schaden lässt sich nicht entschädigen.

Aber der Zustand könnte sich stabilisieren (s.o. S. 37).

Vielleicht regeneriert sich Gelähmtes?

Nochmal bezüglich »nomen est omen«: Es gibt eine Untersuchung, die besagt, dass Träger von Namen mit scharfen zischenden Lauten, wie z.B. Sven, Ernst u.a., und harten, wie Hartmut, Markus u.a., Gefängnisse und Psychiatrien überproportional bevölkern.

Vor den Knastfenstern sind Gitter angebracht – gegen Einbrecher. (Witz komm raus!)

Ein Mann ist beim Arzt in der Sprechstunde und erzählt von Beschwerden. Der Arzt untersucht ihn und sagt: »Sie sind vollkommen gesund, das bilden Sie sich nur ein.« Der Mann darauf: »Dann verschreiben Sie mir bitte ein Placebo.«

Spaß beiseite, hier kommt der Ernst.

»Süchtig nach Gewalt«: Aggressives Verhalten löst im Hirn dieselben dopamingesteuerten Belohnungskaskaden aus wie Sex, Essen oder Drogen – und kann deshalb, genauso wie diese, in manchen Fällen zur regelrechten Sucht werden ... Mäuserich. Dagegen war es mit der Rauflust des Mäuserichs vorbei, wenn ihm die Wissenschaftler ein Medikament verabreichten, das ihn zwar nicht weniger agil machte, aber die Dopaminrezeptoren in seinem Gehirn hemmte.« (Der Spiegel, Nr. 5.08, S. 121)

Nicht zu verhehlen ist die Tatsache, dass doppelt so viele Ärzte im Vergleich zu anderen Berufen Selbstmord begehen, zudem überproportional viele Anästhesisten und Psychiater.

Den Eindruck vom Einser (S. 30) muss ich korrigieren, sprachlich 3–5, anderes 2–4 (die meisten Fehlstunden der Klasse), und über Biologie gibt es eine kurze Anekdote zu berichten: Als ich mal wieder eine Frage nicht wusste, fragte mich der Lehrer: »Was für einen Beruf hat Ihr Vater?« »Landwirt.« »Nein, das ist ein Bauer!«

Bezüglich Vaterschaft gibt es dem Aussehen nach eigentlich keine Zweifel, aber als er mich persönlich 1977 in Heiligenhafen ablieferte, sagte ein junger Pfleger einen Tag später: »Ihre Mutter ist wohl durch das Bett eines Marschbauern gewandert!« Ich wünschte, sie wär's! Dabei möchte ich nochmals betonen, mein Verhältnis zum Vater war durchaus ambivalent, um nicht zu sagen: schizoid.

Wenn ein Psychiater einem Andersdenkenden gegenübertritt und nichts versteht, dann leitet sich für ihn – den Psychiater – daraus noch lange nicht das Recht ab, sein Gegenüber als »geisteskrank« zu bezeichnen und mit der chemischen Keule auf ihn einzuschlagen.

Ich rauche nicht mehr … und nicht weniger, aber das hier ist die Letzte … fürs Erste.

'ne Schande sowieso, der Gummiparagraph 63 stützt sich im Wesentlichen auf eine (oder mehr) subjektive und anmaßende Meinung, Einschätzung vom interessen-unterliegenden Arzt/Ärztin. Und eine Unterbringung in einer geschlossenen Anstallt bedeutet zumeist ebenso eine Freiheitsstrafe (+ ggfs. Misshandlung). Schuldunfähig aber bestraft (Signale: Da hast du etwas verkehrt gemacht).

»Maß«regel bedeutet aber eben auch Maß und nicht Willkür – drakonisch.

Wiederholung: Therapie wird oft Arbeit gleichgesetzt, wozu

der Patient aus verschiedenen Gründen vielleicht (nicht immer) in der Lage ist. Es heißt dann: »Nicht belastbar«, krank. Auch der »normale« Mensch arbeitet, um zu leben, lebt, um zu arbeiten, obwohl gemäß dem Grundgesetz »Zwangsarbeit verboten« ist. (Außer Strafgefangene). Wie sollte es auch anders sein; und einige lassen arbeiten. (Wem sage ich es.)
Geld ist Macht, Macht ist Geld.

Prostitution ist symptomatisch für das Verhältnis zwischen den Geschlechtern. Männer geben Milliarden für Frauen aus, das heißt nicht, dass ich Frauen nicht den gleichen Lohn gönne, es gibt auch bei denen erhebliche Unterschiede – nicht alle gleich!
(Sehe mich in Erklärungsnot, zum Statement veranlasst.)
In der Bibel steht: »Das Weib sei des Mannes Untertan!«
Und: »Machet Euch die Erde untertan!« »Macht sie runter, fangen wir gleich damit an« (zitiert, letzteres Verfasser unbekannt).
Bibel: »Es gibt nur einen Gott …!« Alleinvertretungsanspruch des »Wort Gottes«; der Gott. Eva verführte Adam zur »Sünde«!
Irgendwo dazwischen, apfelkuchenessend, man möge mir verzeihen, kann ich mich da nicht festlegen.
Bezüglich Seite 35 (Erbschaft): Habe mich entschlossen, das Risiko eines möglicherweise scheiternden Rechtsverfahrens nicht einzugehen. Nestbeschmutzer auf Gegenseitigkeit hin oder her, so möchte ich dem letzten Willen meines Vaters folgen, zumal ich ihn in jungen Jahren persönlich als »Kapitalistenschwein« beleidigte. Und, und … »so ist es dann!«

»Was interessiert mich mein Geschwätz von gestern?!«, Konrad Adenauer (und auch: »Keine Experimente!«).

Es ist eine Gratwanderung mit der Psychiatrie, und wenn ich mich als Arzt vorstelle, so wüsste ich nicht, wie ich mich für eine Entlassung (oder eben nicht) aussprechen würde/sollte. Leider ist es so: in dubio contra reo! Die Anstallten sind voll. Ich wiederhole mich: Für wen kann der Arzt »die Hände ins Feuer legen« bzw. Un-»schuldige« leiden lassen?

Erwähnenswert ist auch die Behauptung, dass gut verträgliche Medikamente Patienten dazu veranlassen, vermehrt diese abzusetzen in der Meinung, sie bräuchten sie gar nicht, sie wären vollkommen normal.

»Deutschland, Deutschland, über alles …«
»Frieden schaffen mit deutschen Waffen!«
»Am deutschen Wesen soll die Welt genesen!«
»Denk ich an Deutschland in der Nacht, bin ich um den Schlaf gebracht!«

Empfehlenswert: »Fleischfabrik Deutschland«, Dr. Anton Hofreiter.

Böden-und Grundwasserschäden, Vergiftungen (Herbizide, Pestizide). (Und die Biologie wird zerstört.) Entsetzliches Leid der Tiere, auf engem Raum gehalten. Mein Vater berichtete von Sauen, die ihre eigenen Ferkel auffraßen, woraufhin er diese Haltung einstellte. Es würde vielleicht keinen Hunger auf der Erde geben, wenn Nahrungsmittel, pflanzliche, nicht an Tiere verfüttert würden.

Ich wiederhole mich in diesem Zusammenhang: Fleisch (kann) aggressiv machen, korrespondiert mit Jagd. Manche geben Hunden blutiges Fleisch zu fressen, um sie bissig (bis zum Tod) zu machen. Und schlagen sie. Vegetarischer Anbau verschafft dem Landwirt freie Wochenenden und Urlaub, wenngleich es inzwischen Futterautomaten gibt.

Die Menge macht's! Und A. Hofreiter hat einen Vorschlag:

Vierstufiges Kennzeichnen der Haltungsbedingungen; Verbraucher würden zum Teil mehr Geld für artgerechte/biologische Tierhaltung ausgeben. Demokratie. Der Markt reguliert.
 Und wieviel sind uns Haustiere wert! Der »beste Freund des Menschen«, der Hund, Katzen usw.

Nicht genug der Beleidigung(en) und des Rufmords, da gibt es persönlich sehr viele (Neben-)Wirkungen zu berichten; »Clozapin« gleich »Leponex« (Generika):
 Verdauungsstörungen, z.B. Rülpsen, Schluckauf, Blähungen, einhergehend mit (Fr-)Essstörungen (Heißhunger). Und zeitweise Schluckbeschwerden.
 Sehstörungen
 Schwindel
 Viel Speichelfluss im Schlaf ins Kissen
 Alpträume
 Impotenz (z.T.)
 Willenlos (was z.B. das Rauchen betrifft)
 Schwäche und Müdigkeit, die auch zeitweise eine gewisse Nervosität beinhaltet.
 Konzentrationsstörungen
 Depressionen
 Verspannungen bis schmerzhaft
 Verblödung (z.B. Lesen, Schachspiel)
 Herzschmerzen, gelegentlich
 In sehr kurzen Abständen Wasserlassen (phasenweise)
 Inkontinenz (selten im Liegen/Schlafen)
 Ängste und Panikattacken
 Halluzinationen, insbesondere akustische und optische. – Bei mir seit ca. 12 Jahren! – Und zuzahlen muss ich auch noch.
 Nach der Zulassung fangen die (Langzeit-)Tests erst an.

Penetranz, Ignoranz und Arroganz
– mir ist die Diagnose, die Indikation und die Prognose einfach zu hoch/den Schuh ziehe ich mir nicht an!
Aus! Der Traum vom Haus! Wäre da nicht die Psychiatrie, so wäre ich heute ein Millionär.

Psychiater leugnen (ignorieren die Möglichkeit) die Existenz generell des Hackern (in anderen Formen). Vogelfrei bis hin zur Strafvereitelung.
»Sie sind krank!« – Verfolgungswahnsinn.
(Staatsanwältin G. Gordon: »Eingestellt werden die Verfahren ... weil der anzeigende psychisch krank ist.«, Der Spiegel, Nr. 14/06, S. 169)
Dabei steht im Grundgesetz: »Alle Menschen sind vor dem Gesetz gleich.« Aber nee, da hat man einen Prügelknaben, Sündenbock. Und es gibt, wie bereits gesagt, auch Profiteure.
Die Verlierer (allgemein): Der klinische Pharmakologe Prof. Dr. med. Jürgen C. Fröhlich von der Medizinischen Hochschule Hannover hat schon vor geraumer Zeit in der ärztlichen Fachzeitschrift »Der Internist« dargelegt, dass in Deutschland jährlich 58.000 Arzneimitteltote zu beklagen sind. Die Folgekosten der durch Medikamente geschädigten Patienten beläuft sich auf mehr als 30 Milliarden Euro jährlich! Ein anderer klinischer Pharmakologe, Prof. Dr. med. Manfred Wehling, Leiter eines Arzneimittelinstituts an der Universität Mannheim, stellte in der »Deutschen Medizinischen Wochenschrift« fest, dass jährlich mehr als zwei Millionen ältere Menschen wegen Arzneimittelschäden in Kliniken eingeliefert werden, etwa 100.000 Patienten würden an der Verschreibung falscher Medikamente sterben. (Kurt. G. Blüchel-Bionik, 2. Aufl., 2005, S. 84)
Und S. 65: »Innerhalb von vierzig Jahren sind 22.621 me-

dizinische Spezialitäten von den Behörden zurückgezogen worden – von den gleichen Behörden, die eben diese 22.621 pharmakologischen Produkte für die Anwendung an Menschen zugelassen haben, indem sie verkündeten, dass die Arzneimittel den Test <u>am Tier</u> bestanden hätten.«

Und speziell: »… gilt die Forensik in der Psychiatrie wie in der Psychologie als Stiefkind.« Anmerkung der Redaktion TAZ, 8.6.2000, mit einem Zitat der Vorsitzenden des Rechtspsychologen Verbandes Irmgard Antonia Rode: »Wenn die rauskämen, die überflüssig sitzen, weil sie fälschlich für gefährlich gehalten werden, würde der Staat Unsummen sparen.«

»Kriminologische Untersuchungen haben ergeben, dass es deutlich mehr Gewalttäter in der Allgemeinbevölkerung gibt als unter schizophren erkrankten Menschen.« Wege aus dem Wahnsinn, Michael Stark, Ingeborg Esterer u. Fritz Bremer (Hrg.).

Böker/Häfner – Gewalttaten Geistesgestörter 1973, 20, 234. »Psychisch Kranke sind an den Formen der Kriminalität nicht im stärkeren Maße beteiligt als die Durchschnittsbevölkerung.« Aber: »… nach einer Psychiatrisierung, speziell nach einer Behandlung mit neurotoxischen Psychodrogen steige die Gewaltrate an.« (Psychiatrische Betrachtung. Ein praktisches Handbuch für Ärzte und Juristen, Hrg. Venzlaff, Stuttgart/New York 1986, S. 178 f.)

Teufelskreis, man »wird giftig«. (Was man anderen Drogen nachsagt.)

Man »erwartet« Taten von mir.

Mein Gutachter Oberarzt Dr. A. Hill, UKE Hamburg, 12.01.2001, dagegen: »Die Gefahr von Gewaltdelikten ist eher als gering einzuschätzen.«

Zur langen Unterbringung: Dem Patienten wird wegen

einer schlechten Prognose seine eigene Gefährlichkeit womöglich noch eingeredet.

Stationspfleger K. anlässlich eines Streites unter Patienten: »Ihr müsst euch gegenseitig erziehen!« – Hackordnung, mit zum Teil perversen Sadisten! Faustrecht!

1989 bis 2001 hielt man mir Vegetarische vor (macht nur Arbeit).

Bei »Normalen« gibt's die »Unschuldsvermutung«, solange sie nicht verurteilt sind, bei »psychisch Kranke« die sehr umstrittene »Vorbeuge-Haft«, für (noch) nicht begangene Taten: Beugung des Rechts! Auch greift nach gewisser Zeit die »Verjährung«, logischerweise müsste es auch bei langer Zeit Forensik gelten, nach Verhältnismäßigkeit versteht sich.

Selbstverständlich muss es gegebenenfalls eine Krisenintervention geben, bei akuten, gefährlichen Psychosen, um Schlimmeres zu verhindern.

Und es muss auch so etwas wie Rehabilitation, Resozialisation stattfinden, nicht nur bloßes Abfüllen (zur Arbeitsentlastung). Siehe auch »Der Spiegel« 2017, Nr. 52, S. 34: »Mit Medikamenten ruhiggestellt.« »Pflegebedürftige in Heimen müssen befürchten, mit Psychopharmaka ruhiggestellt zu werden, auch wenn dies medizinisch gar nicht notwendig ist. Das legt eine Studie der Krankenkasse AOK-Rheinland/Hamburg nahe. Jede dritte pflegebedürftige Person in der stationären Pflege und jede zehnte in der ambulanten erhalte sogenannte Neuroleptika, heißt es in dem Report der gesetzlichen Kasse.

In den Heimen werden 19,5 Prozent der Patienten, ›bei denen keine dokumentierte psychiatrische Indikation vorliegt‹, ein Antipsychotikum verordnet. Diese Mittel unterdrückten den Impuls der alten Menschen, weglaufen zu wollen oder beständig zu rufen, schreiben die Autoren. Auch was die Medikamentengabe insgesamt betrifft, wirft der Report kein gutes Licht auf die Pflegeeinrichtungen: So nähmen 29 Prozent der Bewohner Arzneien ein, die speziell für ältere Menschen unerwünschter Risiken und Wechselwirkungen beinhalten. Bei denen, die zu Hause betreut werden, liege der Anteil bei 24 Prozent.«

Ergänzend zu dem Clozapin erhalte ich seit 2014 »Abilify«; während zwischenzeitlich »Xeplion« ausgeschlichen wurde. Betreffs »Abilify« ist auch von beschriebenen Störungen der Körpertemperaturenregelung zu berichten. Und der Beipackzettel warnt vor einer Kombination mit dem pflanzlichen Stimmungsaufheller Johanniskraut.

Weitere Puzzle-Steine:

Einer der vielen Gutachter schreibt, ich hätte ihm in einem Atemzug von meiner Unterbringung (geschlossen forensisch) mit ca. 50 % Analphabeten (6 Jahre lang) und meinem ersten Platz im Schachturnier (häuserübergreifend) berichtet. (Wollte er mich verhöhnen?)

Weiter betreffs Sch(r)ach ist vielleicht erwähnenswert, dass W. S. während des jährlichen Schachturniers mir Traubenzucker in Aussicht stellte, dies eine Stunde später widerrief. Mal weiß, mal schwarz, gegen ihn verlor ich die einzigen Male – mir fehlte der Traubenzucker. Ein Jahr später kam er auf meine Station, und wir spielten oft; bis wir uns auf ein Duell verständigten: wer zuerst 10 Punkte hat, gewinnt, muss aber auch einen gewissen Vorsprung haben. 13 zu 11 Punkte für mich, und ich gewann seine Gold-Medaille, er gab sie mir widerwillig mit den Worten: »Willst du dich mit fremden Federn schmücken?!« Monate später kam es zum »Showdown«, beim letzten Spiel im Raucherzimmer blies er mir wiederholt ätzenden Pfeifenrauch ins Gesicht. »Das ist mir zu viel Rauch«, sagte ich und stand auf, wollte gehen: »Hast gewonnen.« »Das baust nochmal wieder auf!« (So wie wir das immer handhabten.) »Später«, meinte ich: »Das ist mir hier zu viel verraucht.« Er kam hinterher und schlug gegen den Oberarm, wobei ich heißen Tee in der Hand hielt. »Dann spiel ich nie wieder mit dir!« Das war's dann auch, und es war ziemlich harmlos, im Vergleich:

W. Z.: »Habe Ameisenpulver ins Hasch gemischt, um dich verrückt zu machen!«

H. C. in einem anderen Haus: »Hascher sollte man umbringen!«

(Und zahllose andere »Kröten« geschluckt.)

Brot statt Dope! 28.12.2016

Pfleger D., Lüneburg, gab mir den (vermeintlich) guten Rat, bei Frauen sehr, sehr zurückhaltend zu sein, nur wenn's eindeutige Signale gibt. Beziehungen leben vom Feedback (Homo go home!).

In der Kürze der Schürze liegt die Würze!

Gegensätze ziehen sich aus. »It's a house arrest everybody run … guilty for having too much fun!« Bryan Adams.

1989 sprach ein Dr. S. von »Deviationen« (Ausschweifungen) in Zusammenhang mit Alkkonsum (Woher wusste er das?).

Gummi-Pornograf. Und tatsächlich wurde ich 2014 bei Medikamenten-Umstellung wieder manisch – was hat man dagegen? = Depressiva, Niedertracht.

Verdient wird am Verschreiben, da tun sie sich alle nichts.

Von »Geistesschwäche« ist die Rede; Beleidigung! Elitär? Wer?

»Die medizinische Forschung hat so enorme Fortschritte gemacht, dass es überhaupt keine gesunden Menschen mehr gibt.« Aldous Huxley.

»Beim Absetzen ist zu bedenken, dass einige Psychopharmaka sehr lange Halbwertszeiten, das heißt Verweildauer im Körper haben, Entzugssymptome oder das Wiederauftreten von Beschwerden, die vorher medikamentös weggedämpft worden sind, können sich infolgedessen nach einem oder mehreren Tagen oder gar erst nach ein bis zwei Wochen oder noch später einstellen.

Erheblicher Kaffee- und Nikotinkonsum schwächt beispielsweise die Neuroleptika ab, speziell die dämpfende Müdigkeit und die Parkinsonstörung. Wenn beim schrittweisen Entzug gleichzeitig – was an sich wünschenswert ist – Kaffee und Nikotin eingeschränkt werden, kann selbst eine reduzierte Neuroleptikadosis wieder stärkere Wirkung zeigen.

(Peter Lehmann, »Psychopharmaka absetzen«/Suchtmanifestation! S. 228)

Ärzte beklagen manchmal eine »Feindseligkeit« bei Patienten – das kommt nicht von ungefähr – Freundschaft ist was anderes.

»Compliance« (kein Eintrag im Fremdwörterlexikon) dagegen wird (manchmal) als Lob erwähnt.

Hauptsache: Ruhig (kritiklos) stellen!

Hirnschwund durch Psychopillen?

Was Medikamente gegen ADHS und Depressionen im Gehirn bewirken, ist wenig verstanden.
Mittel gegen Schizophrenie könnten das Leiden, das sie heilen sollen, sogar verschlimmern.

Rebecca Riley war zweieinhalb Jahre alt, als sie Pillen gegen ihre angebliche Geisteskrankheit bekam. Anderthalb Jahre später lag das Mädchen aus der Nähe von Boston tot auf dem Boden. Seine Eltern hatten es mit den Psychopharmaka regelrecht vergiftet.

Der Tod des Kleinkinds im Dezember 2006 lässt besorgte Mediziner nicht ruhen. „Wie konnte ein Psychiater nur bei einem Kind, das kaum aus den Windeln war, eine bipolare Störung und ADHS diagnostizieren?", fragt etwa der US-amerikanische Psychiater Daniel Carlat. „Was war die Grundlage dafür, einem so jungen Kind einen Cocktail aus so starken Medikamenten zu verschreiben?"

Nicht nur in den USA, auch in Deutschland bekommen immer mehr junge Menschen Medikamente gegen psychische Erkrankungen. Kinder und Jugendliche erhielten den Wirkstoff Methylphenidat gegen ADHS „mit einer deutlichen Tendenz zu steigenden Dosierungen", meldet der „Arzneimittelverordnungs-Report 2012". Der Verbrauch von Risperidon, einem Neuroleptikum zur Behandlung von Schizophrenie, ist seit 2001 um mehr als 22 Prozent gestiegen.

Dabei weiß niemand, was die Mittel im Gehirn genau bewirken. Viele Psychopharmaka verändern zwar die Spiegel bestimmter Neurotransmitter im Gehirn. Ob sie dadurch aber die Ursache von Depressionen, Schizophrenie oder etwa ADHS beheben, ist mitnichten bewiesen.

Womöglich haben Psychopillen sogar schädliche Effekte, weil sie das Gehirn dauerhaft verändern – und seelische Störungen so verschlimmern oder gar auslösen. Das sagt der US-amerikanische Journalist Robert Whitaker, der viele beunruhigende Studien in einem Buch zusammengetragen hat*.

Wie ernst seine Befürchtungen genommen werden, konnte man im November auf dem Kongress der Deutschen Gesellschaft für Psychiatrie, Psychotherapie, Psychosomatik und Nervenheilkunde in Berlin sehen. Als Whitaker im Saal 4 über die Wirkung von Neuroleptika aufs Gehirn sprach, drängten sich die Zuhörer bis auf die Gänge.

Sie sahen Daten, denen zufolge Patienten, die mit Neuroleptika behandelt worden waren, häufiger wegen Rückfällen wieder ins Krankenhaus mussten. Mit anderen Worten: Die Dauermedikation erschwert offenbar die Genesung.

Das gleiche Bild ergab sich, als Forscher verglichen, wie Menschen mit Schizophrenie in armen und reichen Ländern behandelt werden. In den USA und sechs anderen Industriestaaten erhielten 61 Prozent von ihnen Neuroleptika. In Indien, Kolumbien und Nigeria waren es nur 16 Prozent. Dennoch – oder gerade deshalb – verlief die Krankheit bei den Patienten aus den armen Ländern deutlich glimpflicher.

Die US-amerikanische Psychiaterin Nancy Andreasen wiederum hat das Ge-

DISRUPTIVE MOOD DYSREGULATION DISORDER
Zustand ständiger Reizbarkeit im Kindesalter, verbunden mit schlechter Laune und Wutanfällen. Das Leiden ist eng verwandt mit der „Störung mit oppositionellem Trotzverhalten".

---
* Robert Whitaker: „Anatomy of An Epidemic". Broadway Paperbacks, New York; 416 Seiten; 16 Dollar.

hirn von mehr als 200 Schizophreniepatienten im Kernspintomografen untersucht – und stellte fest, das deren Gehirn geschrumpft war. Dabei galt: Je mehr Medikamente sie genommen hatten, desto schlimmer der Schwund. Im vergangenen Jahr bestätigte eine Studie mit 965 schizophrenen Menschen das Ergebnis. Die Autoren konstatieren: „Patienten, die Medikamente bekamen, hatten häufiger strukturelle Anomalien" in bestimmten Gehirnregionen.

Dieser Verlust von Nervengewebe scheint die Kognition der Betroffenen einzuschränken. Sie werden also nachweislich dümmer, und ihre schizophrenen Anwandlungen werden sie nicht los. Ist es da in bestimmten Fällen nicht besser, auf die Medikamente zu verzichten?

Eine Langzeitstudie vom University of Ilinois College of Medicine in Chicago legt dies nahe. 15 Jahre nach der schizophrenen Episode waren 46 Prozent der Patienten, die dauerhaft Medikamente bekommen hatten, ohne Symptome. Bei Patienten, die auf Medikamente verzichtet hatten, lag dieser Wert bei 62 Prozent.

Solche Befunde, von Robert Whitaker in Berlin ganz unaufgeregt präsentiert, sorgen in der Fachwelt für Aufregung.

Der Leiter der Klinik für Psychiatrie und Psychotherapie der Berliner Charité, Andreas Heinz, saß der Veranstaltung auf dem Kongress vor. „Neuroleptika sind oft in Akutsituationen sehr hilfreich und können Leben retten", sagt er. „Ihre Dosierung ist aber wegen der Nebenwirkungen so niedrig wie möglich anzusetzen und eine psychosoziale Therapie immer notwendig."

Auch Volkmar Aderhold vom Institut Sozialpsychiatrie der Universität Greifswald mahnt zur Vorsicht. „40 Prozent der Menschen aus dem Schizophreniespektrum könnten ohne Neuroleptika behandelt werden", sagt er. „Wir geben Neuroleptika viel zu oft, in zu hohen Dosierungen und in wissenschaftlich nicht evidenten Kombinationen."

Dazu gehört die Gabe dieser Mittel an Kinder, die gar keine Psychose haben. Ihr Konsum steigt, weil die Ärzte die Mittel zunehmend auch Schülern mit einer „Störung mit oppositionellem Trotzverhalten" verabreichen, was mit Streiten, Ärgern und Verweigern verbunden ist.

„Es gibt wohl kaum ein Kind, das nicht einige der recht ungenau beschriebenen Verhaltensweisen im Alter zwischen drei und zwölf Jahren aufweist", sagt der Psychiater Asmus Finzen, der die Zunahme der Antipsychotika-Verordnungen einen „Skandal" nennt.

Den Kindern drohten nicht nur bleibende Schäden im Gehirn, sondern auch im Stoffwechsel, wie Ärzte im renommierten Fachblatt „Jama" warnten. Erstmals hatten sie erforscht, wie sich der Körper verändert, wenn Menschen im Alter von 4 bis 19 Jahren Neuroleptika schlucken müssen.

An ihrer Studie nahmen 272 Schüler aus einem bürgerlichen Viertel New Yorks teil, die zwar eine psychiatrische Diagnose hatten, aber noch nicht mit Neuroleptika behandelt worden waren. Den meisten verordneten die Forscher zwölf Wochen lang ein gängiges Medikament (Aripiprazol, Olanzapin, Quetiapin oder Risperidon), 15 Kinder waren in der Vergleichsgruppe ohne Medikamente.

Das erschreckende Ergebnis: Die Medikamente bewirkten, dass die Kinder und Jugendlichen beträchtliche Fettpolster ansetzten. Die durchschnittliche Zunahme an Körpergewicht hing vom Medikament ab und schwankte von 4,4 Kilogramm (Aripiprazol) bis 8,5 Kilogramm (Olanzapin). Während die Mitglieder in der Kontrollgruppe dünn blieben, legten die meisten Pillenschlucker mehr als sieben Prozent ihres Ausgangsgewichts zu.

Die jüngsten Patienten der Psychiatrie könnten ein Leben lang an den Folgen der Neuroleptika leiden. Denn das von diesen ausgelöste Dickenwachstum kann Auswirkungen bis ins Erwachsenenalter haben. Dann drohen ihnen Fettsucht, eine erhöhte Sterblichkeit durch Herz- und Gefäßerkrankungen sowie eine Anfälligkeit für Krebsleiden.

Boomender Markt
Durchschnittliche Tagesdosen von Antidepressiva je Versichertem und Jahr
+296% Steigerung seit 2000
31,7
Quelle: TK
* seit 2006 nur ALG I

Arbeitslose*
8,0 — 10,0
3,7
Erwerbstätige
2000 02 04 06. 08 10 11

Als Insasse einer forensischen Psychiatrie wird man auf einer Stufe mit Mördern etc. gestellt: »Alle gleich!« Als »Faustregel« gilt eigentlich die Schwelle einer Entsprechung von drei Jahren Freiheitsentzug. (Maximal drei Jahre bei einer [einfachen] Nötigung.) Wie bereits gesagt, habe ich so was als legales Mittel erfahren!

Das Maß aller Dinge (sind) haben Ärzte (und Juristen). Zugegeben: Ich kann mich nicht mit ihnen messen und viele andere auch nicht. Darum geht es auch nicht, nein, es geht um Chemikalien »für die Seele«. Da spiegelt sich das mechanistische Menschenbild wider. Man kann auch sagen: menschen-»verachtend«, und es ist vieles von mir und vielen anderen gesagt, geschrieben worden, ohne dass sich Wesentliches verändert hat. Da werden neue Mittel als Wunder angepriesen, was sich, wie bei anderen früher, als pure verkaufsfördernde Werbung und nicht zuletzt als schädlich erwies.

Man muss schon verrückt sein, das alles mit (sich) machen zu lassen.

Dead is dead, he declared me mad. (Gave me money.)

»21 first century shizoid man … poison door …«, King Crimson (1984: Big Brother is watching You!)

Sexmachines für sie und ihn; Zeitzeichen.

Um aber mal wieder auf das Thema Selbstmord zurückzukommen: »Seit Einführung der Neuroleptika hat sich die Suizidrate verzehnfacht«, Peter Lehmann. Diejenigen selber sagen es, der Hohn: Der Botenstoff »Dopamin«, für Glück und Belohnung zuständig, wird unterdrückt, Depressionen, Niedergeschlagenheit sind die Folge.

Finzen: »… dass Patienten-Suizide gehäuft an Kliniken vorkommen, denen ich zunächst eine hervorragende Behandlungsqualität bescheinigen würde … Die Suizidrate ist in therapeutisch inaktiven Bereichen unseres Krankenhauses niedrig, in therapeutisch aktiven eher hoch.« (Gefordert werden bei Beruhigungsmittel).

Es gibt eine Vielzahl suizidal wirkender Umstände, z.B. Armut und in Nachtkliniken, in Pensionen.

»Neurocil«, bis du schielst, im Ernst macht es dick. (Dr. ?: »Also die paar Milliliter doch wohl nicht.«) Es führt zu Heißhunger-/Fressattacken. Wovon genau (Medikament/en-Mix) meine Schwester dick wurde, weiß ich nicht, aber sie litt jahrelang darunter sehr.

Bemerkenswert ist auch die Tatsache, dass Ärzte selber überdurchschnittlich und Juristen Behandlungen, medizinische, für sich ablehnten. Man spricht vom »akademischen Bündnis«. Wirklich vielsagend! »Ein Land der Dichter und Denker ist geworden ein Land der Richter und Henker!« (Verfasser unbekannt) Ich: Nazi-Land ist abgebrannt … und wieder aufgebaut!

»Nepper, Schlepper, Bauernfänger«, »Unschuld vom Lande«. Tatsächlich leitet sich das Wort/Begriff »Polizei« vom griechischen »Polis« = Stadt ab.

»Ehrlich währt am längsten!«

Versuchte Nötigung: 14 Jahre Geschlossene.

Der ehrliche Kunde bezahlt den Schwund mit (wie jeder weiß).

Und da gibt es noch die vielen Heldengeschichten, in denen das Recht in die eigene Hand genommen wird, was im wirklichen Leben nicht funktioniert (»Vorbilder«).

Stichwort »Zivilcourage«.

Es gibt viele Geschichten; jeder Mensch hat eine (oder mehr). Es ist auch die Etikette »geistesschwach« etc., und aber nicht zuletzt die Zwangsmedikationen, gegen die ich mich wehre/n muss. Freiheitsentzug bei Sozial-»Kannibalismus« unter engen räumlichen Verhältnissen, vorgesetztes Essen, Kaffeeeinteilungen, Einschluss, das totale Gegenteil von Selbstbestimmung. Es war unmöglich, eine Berufsausbildung zu machen bzw. zu studieren.

Nicht neu: »Intelligenz säuft«. Manche versaufen ihren Verstand. Dumm-heit sofft!; »in vino veritas« – im Wein liegt die Wahrheit! Nichts Neues; Lügendetektoren, Mimik-Scanner und Aussprachenanalysen, technisch, wenn, dann in richtigen Händen. (Noch) nicht hundert Prozent sicher! Wenn man denn überhaupt an der Wahrheit interessiert ist?!

Der Spiegel, Nr. 9/2008
»MEDIZIN
Schlaue Säufer

Es ist eine Frage der Dosis und der Dauer, ob ein Hemingway, Jelzin oder Juhnke sich die grauen Zellen am Ende kaputttrinkt oder nicht. Fest steht aber: Als Kind war der Säufer eher schlau. Je klüger Mädel oder Knabe sich im Alter von zehn Jahren zeigen, desto mehr neigen sie als Erwachsene dem Alkohol zu. David Batty und seine Kollegen von der University of Glasgow zeigen sich überrascht von dem Zusammenhang, den sie entdeckt haben – offenbar kennen sie keine englische Entsprechung des Sinnspruchs ›Dummheit frisst, Intelligenz säuft‹. Auch eine Erklärung bietet Batty an: Kluge Leute haben eher erfolgreiche Jobs, und dies wiederum ›erfordert eben eine Bereitschaft, oft zu trinken, bei geselligem Beisammensein dann auch im Übermaß‹. Die Wissenschaftler untersuchten 8100 Probanden. Dabei fand sich die Trinksucht vor allem bei Frauen in Führungspositionen. Der Kampf um dauerhaften Erfolg in einer Männerdomäne, meinen die Forscher, mache offenbar besonders empfänglich für die Verlockungen von Schnaps und Wein.«

»Die Welt ist vom Bazillus ›Homo Sapiens‹ befallen.« (?)

»Pfleger« G., Heiligenhafen. Zum Frühstück gab's zwar ein Brötchen, aber ungelogen nicht mal einen Teelöffel Marmelade auf einem Unterteller für vier Patienten, und einer war immer so schnell, nahm alles: »Das wär ja sowieso nichts!« G. gab Milch aus einer Kanne aus und fragte jeden reihum! »Voll?« Alle sagten: »Ja (bitte!)« Er goss immer wirklich randvoll, bis es alle war, für ein Drittel blieb nichts mehr, er höhnisch: »Tut mir leid, die wollten volle Becher.«

Und das regelmäßig. Auch da wurde Kaffee, der die von Medis verursachten Depris etwas linderte, eingeteilt.

Pfleger: »Sie sollen sich gar nicht wohlfühlen, sonst kommen sie nur wieder.« (Die wenigsten kamen freiwillig, wurden auch nicht besser behandelt.)

In Neustadt, forensische Abteilung, gab's wenig zu Mittag, manche stellten sich schon zwanzig Minuten an; nur für ein paar wenige gab es Nachschlag: Das Fressen!

Pfleger B. verneinte meine Nachfrage nach einer zusätzlichen Decke im Rekordwinter (war's 1986?). Und das bei undichten Fenstern. Selbst bei angezogener Anstalltskleidung fror man.

Pfleger D. verlor immer gegen mich im Schach: »Du schwatter Hond.«

Bei der Medikamentenausgabe vom Tablett schüttete er immer die zugewiesenen Gläschen in ein und dasselbe Gläschen und ließ alle aus dem trinken.

»Nicht reiben, doch nicht reiben!«, herrschte er mich beim Verteilen, gegen Fußpilz, der Salbe zwischen den Zehen an.

Ich widersprach und verwies auf den Beipackzettel, den ich von draußen kannte: »… einreiben.«

Als ich in den Kabuff mit dem großen Müllsack ging, er: »Nicht, dass du Feuer legst!« Nach kurzer Zeit kam ich wieder raus, wo er wartete und sichtlich betroffen – kein Feuer gelegt – aus der Wäsche guckte. Der Gipfel: Als ich mal auf irgendwelche Texte nicht reagierte: »Du bleibst bis zur Vergasung hier! (Wh.) Pfleger P.: »Jetzt kommt Hamann« zu mehreren Patienten, als ich noch nicht sichtbar auf dem Flur kam und dann, als ich auftauchte: »Ein Bauer erkennt seine Schweine am Gang«, der Schweinebauer.

2015 und 2016 sagten zwei drinnen »unabhängig« voneinander: »Herr Hamann, Sie sind gar nicht krank!« Um mich aber weiter zu behandeln.

Nochmal zurück zu »Ruhig abholzen, aber (bitte) neu pflanzen, junge binden wesentlich mehr Kohlendioxid!« Ist überspitzt gesagt, da gibt es Biodiversitäten, Symbiosen etc. Heimat spezieller Arten. Da muss man dann genau abwägen, hingucken, Prioritäten setzen!

Und bezüglich Wölfen: Die waren scheu, ängstlich vor dem Menschen wegen des Jagddrucks. Inwieweit sie Menschen jetzt gefährlich sind, kann ich, vorbelastet durch alte Gruselgeschichten, doch nicht beurteilen.

Der Einfachheit halber übernehme ich meine früheren eigenen Texte. Als (umgeschulter) Linkshänder bekam ich immer die Note 5. Hinzu kommt die Medikation (Dr.: »Gut! Das Mittel wirkt.«).
Wiederholungen, teilweise, bitte ich zu entschuldigen.

Mit einem anderen Wort beschrieben: Medikamente (Psychopharmaka) machen/zementieren kaffee- und nikotinsüchtig; es kommt zu einem Anstieg des Konsums. (Wh.)
Früher gab's Akineton (Anti-Parkinson) bei Bedarf, es ist stimmungsaufhellend, bis Sadisten in Weiß es vorenthielten, einteilten.
Dagegen: Ein Pfleger geht durch die Krankenzimmer und verteilt Medikamente. Da kommt er in Meyers Zimmer und trifft ihn schlafend vor. »Herr Meyer, Ihre Medizin.« Der rührt sich nicht. Er tippt ihn an: »Herr Meyer, Ihre Medizin.« Keine Reaktion. Da rüttelt der Pfleger ihn und schreit: »Herr Meyer, Sie brauchen doch ihre Schlafmedizin!«
Und nochmal: 1977 in der Psychiatrie Heilgenhafen, das erste Mal, fing nach Medikamenten-Aufnötigung mein Stimmenhören an – macht krank; realisiert die Diagnose. Nöti-

gung ist Alltag in der Psychiatrie, denn freiwillig nimmt sie keiner.

Dabei gibt es, individuell verschiedene, verträgliche Medizin.

»Verhandeln statt behandeln«, Schlagzeile eines »Der Spiegel«-Artikels über ein Hamburger Experiment.

»Behandeln statt misshandeln!«, E.-G. Hamann. Leidensdruck ist dagegen erwünscht.

Gehste freiwillig in die Psychiatrie zur Medikamenten-Umstellung z.b., wirste per vom Fachmann bewirktem Gerichtsbeschlusses festgehalten.

»Bittere Pillen«, 2005–2007, S. 152: »Bekannt ist, dass Alkohol, Drogen und gewisse Medikamente schizophrene Schübe auslösen können.«

Nicht vorenthalten möchte ich folgende Passage (S. 152): »Mit Hilfe von Medikamenten, die als Neuroleptika bezeichnet werden, können akute psychiotische Schübe beendet, aber auch Rückfälle verhindert werden. Neuroleptika drängen den Wahn zurück und bringen krankhafte Ideen und Verfolgungsgefühle zum Verschwinden ... Die nützliche Wirkung von Neuroleptika ist allerdings mit zahlreichen, teilweise unangenehmen Nebenwirkungen verbunden:

- *Abstumpfung gegen äußere Reize, Verlangsamung der Reaktionen.*
- *Verminderung des Antriebes.*
- *Mundtrockenheit und Hemmung der intellektuellen Leistungsfähigkeit.*
- *Bewegungsstörungen (steifer Gang, Zittern, Bewegungsdrang oder Bewegungsarmut, Muskelverkrampfungen im Kiefer-, Hals- und Zungenbereich. Blickkrämpfe, Schiefhals.)*
- *... Bewegungsstörungen ...*

... Alle Neuroleptika wirken prinzipiell gleich, Ausnahmen sind sogenannte atypische Neuroleptika wie <u>Clozapin</u>-neurax-

pharm = Leponex, <u>Risperdal</u>*-consta, Zyprexa, Solian und andere: Die oft quälende Bewegungsstörungen treten hier nur selten auf. Bei* <u>Clozapin</u>*-neuraxpharm und/bzw. Leponex besteht allerdings die Gefahr von Blutbildschäden – bei etwa 1 bis 2 Prozent der Patienten. … Blutbild …«*

(Unterstrichen: aktuelle Verschreibung +++.)

S. o. <u>Risperdals</u> wichtigste Nebenwirkungen (consta injek.): *»Häufig Schlaflosigkeit, Angstzustände, Kopfschmerzen. Selten Schläfrigkeit, Magen-Darm-Störungen, Schnupfen, Hautausschlag. Gelegentliche Bewegungsstörungen. Über das Risiko von Spätdyskinesien liegen noch keine Erfahrungen vor. Empfehlung: Therapeutisch zweckmäßig.*

Relativ neues Neuroleptikum. Klinisch relevante Vorteile (z.B. weniger Dyskinesien), lassen sich allenfalls bei niedrigen Dosen [???].«

Leponex bzw. Clozapin:
Wichtigste Nebenwirkungen: s. S. 8.
»Daneben Fieber, Schwindel, Appetitlosigkeit. Zusammen mit Benzodiazepinen (Tranquilizer) wurde Atemstillstand beschrieben.«

Kurt G. Blüchel: »Heilen verboten, töten erlaubt.« Die Medikamente sind zugelassen, kompetente Ärzte und »ahnungslose« Richter haben das (nicht) zu verantworten (müssten); legale Nötigungen.

Vogelfrei, auf Lebenszeit abhängig, verachtet, geringgeschätzt, bestohlen, gequält.

Manche machen sich auch der Strafvereitelung schuldig. Wenn die Polizei keine Anzeigen annimmt, sich kein Anwalt findet, die Staatsanwaltschaft Verfahren einstellt. Doktor, Doktor verdienen und auch andere kennen die Schwachstellen, ganz und gar, ergreifen Besitz über Menschen. »Arbeit macht frei.« Das perfekte Verbrechen. Die perfekten Verbrechen.

Jeder zweite Verkehrstote in Hamburg ist ein Fahrradfahrer. Nur durch Vollbremsung konnte ich dreimal eine Kollision trotz eigener Vorfahrt (Rechtsabbiegung) verhindern.

Glut von Zigarette fiel auf meinen Bademantel, der fing Feuer; nur mit Mühe konnte ich ihn löschen.
Zweimal Camping-Gas-Kocher leck und brannte unkontrolliert aus.
Zweimal im Krankenhaus (Forensik) Schinken nicht gut (stumpfe Messer) schneiden können und zerkauen konnte man ihn auch nicht, blieb im Halse stecken – musste ich aus dem Mund/Hals ziehen. Beinahe erstickt.
Zahnarzt zog Zahn ohne Betäubung – Wahnsinnsschmerz.
Im Gefangenen-Transporter unangeschnallt schlug ich einmal bei Vollbremsung mit dem Kopf gegen die Metallwand; einmal ruckartig angefahren dasselbe. Andere Seite.
Für Injektionen Hautstelle desinfiziert und vorher (Inj.) mit Wattebausch korrekt abgewischt, letzteres nicht abgewischt, gelangt mit der Nadel in die Wunde – brennender Schmerz.

Fern der Heimat nach Heiligenhafen und Neustadt deportiert.
Gefoltert mit Medikamenten: Atosil, Neurocil, Benperidol, Melleril, Truxal, Glianimon, Saroten und Deentan-Injektionen. Depot: Dapotum D., Fluanxol, Haldol, Lyogen, Benperidol usw.
Gut vertrug ich: Imap inj. 3 ml, Orap (oral) und Solian.
Letzteres soll man unzerkaut zu sich nehmen, aufgenötigt wurden Tabletten gemörsert mit Wasser – mir war stundenlang schlecht.
Pfleger: »Doch nicht einreiben!« – »Canesten« im Beipackzettel über die Anwendung: »Einreiben ...«
Bei anderer Gelegenheit: Zahnschmerzmittel verweigert.

Mitpatient: »Ich schluckte eine in Papier gewickelte Rasierklinge. Nichts passierte.«

Derselbe auf meine Erklärung: »Der Fußboden isoliert deinen Körper gegen den Strom. Wenn man beidhändig Kugelschreiberstifte in die Steckdose steckt, kriegt einen gewaltigen Schlag.« »Stimmt nicht«, er.

»Deinen Urin musst du trinken und wirst nie wieder krank«, ein anderer Mitpatient.

Strafe muss sein, aber keine 13 Jahre Forensik für L. G., Lübeck 1999: »Dabei verkennt die Kammer nicht, dass Herr H., soweit es sich um ein Sexualdelikt gehandelt haben sollte, von diesem strafbefreiend zurückgetreten ist« (bezüglich Anlassdelikt und nicht vorbestraft).

Hospitalisiert und milieugeschädigt wurde ich. Aggressiv und asozial waren die Umgangsformen. Angst konnte man haben, verdrängte sie. Affektverflachung. Beruhigt, betäubt, depressiv und von allen enttäuscht und verlassen, die wahren Gesichter schadenfreudig und missgünstig. »Schach ist ein Kriegsspiel«, Beschäftigungs-Therapeut (Ergo).

»Ihre Mutter ist am Telefon«, der Stationspfleger. Es war meine Schwester, die paar Jahre später starb. Meine Mutter starb bereits 1983. Besuch aus anderen Häusern wurde verboten.

»Ihr seid der Abschaum!«, Pfleger M.

Wenngleich nicht tägliche Äußerungen, so macht ansonsten der Ton die Musik. Art und Weise aber auch direkt und imperativ.

Und in einem Atemzug der o.g. Pfleger: »Ich bin ja haftpflichtversichert.«

Und ein anderer Pfleger, Z., zu Kollegen: »Dem traue ich alles zu«; über mich.

Beklaut wurde ich ohne Ende: Ein Walkman, unzählige Original- und andere Kassetten, CDs, Gitarre, Kaffee, Bilder. Ein Fahrrad wollte man mir abschnacken: »Ist ja vollkommen hinüber, Schrott!« (Es fuhr 1a.)

Noch ein anderer zu mir: »Du bleibst bis zur Vergasung hier!«

Und in der Sengelmann-Klinik machte man mit sechs bis sieben Angestellten einen ungeheuerlichen Stress zum Fixieren. Herzklopfen, Herzrasen. Die bringen einen um.

30. Dezember 2006, S. 48:
»HAMBURGER MORGENPOST
WEISSHEIT DES TAGES
›Die medizinische Forschung hat so enorme Fortschritte gemacht, dass es überhaupt keine gesunden Menschen mehr gibt.‹«

Harmlos dagegen, aber Gehirnwäsche, absonderlich, merkwürdig:

Die Anstaltsfriseurin Neustadt schnitt meinen Bart nur auf einer Seite.

Ein Therapeut fotografiert trotz meiner gegenteiligen Bemerkung gegen die Sonne (unser Patient auf Wunsch).

Derselbe als Tischlermeister meinte, er könne die Kerben mit der Bandsäge nicht sägen (zu sperrig). Dasselbe machte er Monate zuvor.

Zu diesem Haus 7 bleibt noch zu vermerken, dass vor über 10 Jahren nur zweimal die Woche geduscht werden konnte: ein Stinkstall!

Und früher wurde das Essen in Kübeln geliefert und so verteilt, dass es nur zwei bis drei Patienten für einen Nachschlag reichte: Ein Wettfressen sondergleichen.

Bei dieser Gelegenheit möchte ich drei Dinge nicht unerwähnt lassen; sei's bekannt:
1. *Die Vorderräder von Rollstühlen sind zu klein, um Bordsteinkanten zu überwinden. Die Bewegungsfähigkeit ist stark eingeschränkt, und man ist auf Hilfe anderer angewiesen. Verbesserungsvorschläge sind erwünscht?!*
2. *Man filmt bzw. fotografiert den heimlich fremden Schlüssel, wenn er ins Loch gesteckt wird. So kann man abkopieren. Und diese Schwachstelle sollte man wissen.*
3. *Man kauft zunächst normal ein. Bezahlt und verlässt den Laden mit dem Bon. Kurze Zeit später (man hätte etwas vergessen), nachdem man Wertvolles einem Komplizen übergab (vor dem Einkauf), betritt man mit den (vollen) Taschen den Laden erneut, steckt die gewissen Artikel zum ersten Einkauf, bezahlt das (angeblich) Vergessene.*

Bezüglich Vorbeugehaft ist doch noch zu vermerken, dass es schon bei »Vorbereitung einer Straftat« zu einem Verfahren kommen kann. Ob Haftgründe, graduell zur geplanten Tat, die Möglichkeit dazu, bestehen, weiß ich nicht.

Bezüglich forensischer Unterbringung nach § 63 (erhebliche Straftaten zu erwarten), kann man auch von einer Art »Ermächtigungsgesetz« reden. Der Gummiparagraph schlechthin, Willkür, Grauzone, Interessen behaftete Subjektivität und (im Zweifel) übernehmen Gutachter (etc.) die Diagnose, möglicherweise das Rezept, meiden Kollegenschelte: »Eine Krähe hackt der anderen kein Auge aus.«

Als bekannte »Psychischkranke« sieht man häufig/kriegt man zu sehen: die wahren Gesichter.

Hasch zu Asch? Bei all dem Schwindel, den Betrügereien, Falschmeldungen, und andauernd wird etwas korrigiert, revidiert (u.a. »Wissen«-schaft = Wissen schaf(f)t man); nicht zuletzt ist ja Alk legal und: »Die gönnen es einem nur nicht!«, und nochmal: Es werden manchmal Gifte beigemischt. Jemand äußerte den Verdacht, die Alk-Lobby verhindert eine Legalisierung.

Nun, wo sie viele Wechselbäder ertragen mussten, »widersprüchlich«, »konträr«, möchte ich Ihnen sagen, dass es sich um die »Dialektik« handelt, »pro und contra«, für und wider, vielleicht etwas bruchstückhaft, hoffe nur, Sie langweilen sich nicht?!

Keiner ist gerne medikamentenabhängig, man muss wohl nur oft genug sagen: »alternativlos«, oder Entsprechendes. Und da stellt sich noch die Frage, »endogene« oder »exogene« Psychose, Störung? Also von innen bzw. Ursache unbekannt oder von außen.
(Es wäre kein »Geheim«-dienst-»Spielchen«, und man lässt es mich spüren!«)
Dazu kann ich folgenden Trick, was mancher sich schon denken kann, verraten: Man stellt eine (Telefon-)großverbindung her und lässt sie einfach bestehen – der Partner am anderen Ende hört alles mit, ob man nun anwesend ist oder nicht. Eine Variation beim Festnetz: Selbst beim Auflegen des Hörers bleibt das Mikrofon (im Hörer/Sprechteil) eingeschaltet.

Im Folgenden möchte ich einige von meinen – wobei ich, wie sich von selber versteht, nicht unbedingt der Erste sein muss, der sie dachte, sie nicht (unbedingt) für mein eigen reklamier – Techniken, (Spiel-)Ideen, Konstruktionen vorstellen, denn sie liegen mir der Umwelt zuliebe, der Wirtschaftlichkeit und Einfachheit wegen am Herzen. Auch sollen sie dazu beitragen, mich besser zu verstehen und zu rehabilitieren.

Von <u>Bremsenenergiegewinnung</u> (elektrisch: nach Dynamo Strom gewinnen, mechanisch: Feder- oder Gewichtheben) sprach ich auch schon Anfang der Achtziger.

<u>Wärme(haus)wand</u>: Je nach Innen-/Außen-Temperatur innen/außen isoliert, insbes. sonnenwärmeaufnehmend (außen/tagsüber), wärmeabgebend (nach innen/nachts u. ggfs.):

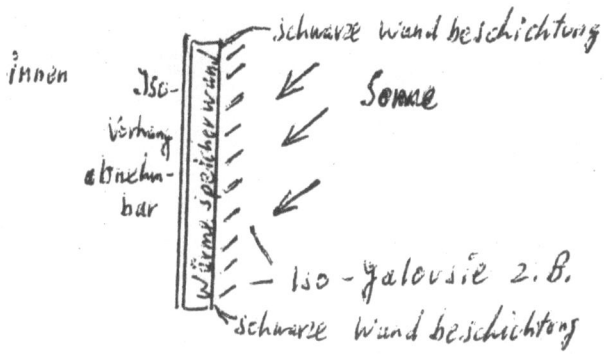

<u>Würfel in durchsichtigen Würfel</u> – z.B. innen 2, 3 oder 6 Farben, außen (schwarze) Punkte wie bekannt. Die obenliegenden zwei Bestimmungen könnten spielerisch Koordinaten oder Schritte auf mehreren (parallelen) Bahnen bedeuten.

<u>Schachfiguren</u> oder andere aus Schokolade.

<u>Teleskopbrücke</u>, aus- und einfahrbar z.B. zum Passieren von Schiffen etc.; fester Stützrahmen, der zusammenschiebbar ist; der Hohlraum für Passagen, Fahrbahn.

Betr.: Erstes Anlassdelikt vom 16.4.1984 (usw.)

Brief des Autors vom 6.4.2002
»Betr.: Gutachten von Dr. A. Hill vom 12.1.2001 und 4.3.2002

Im ersten Gutachten ist bemerkenswert, dass trotz sehr vieler Punkte, die gegen mich sprechen, zwar aus fernerer Vergangenheit, er eine Entlassung (bei vielen Auflagen und Kontrollmaßnahmen, strukturiertem Tagesablauf etc.) nach einer etwa weiteren halbjährigen Lockerungs- und Erprobungsdurchläufen befürworten. Abgesehen von der mangelhaften Umsetzung derer der schlechteren Stellungnahme der behandelnden Ärztin Dr. Vogel und anderen Unsäglichkeiten konnte und wollte ich viele Details so nicht stehen lassen:

1. *Gab es keine zwei sexuellen Überfälle »ohne Durchsetzung 1983/84 in Wedel«, wie ich 1992 den Landgericht Lübeck geschrieben haben soll (S. 27) – möglicherweise unter totaler Dröhnung (1992). Bin kein Serientäter! (Mein Angebot einer Gen-Dokumentation [Test] wurde ignoriert.)*
2. *»Belästigte« keine Krankenpflegerschülerin aus Elmshorn – es gab lediglich einen einmaligen Brief von mir aus Heiligenhafen, weil sie sich von sich aus anbot, mich dort zu besuchen. Der Brief gefiel ihr wohl nicht, meldete sich nicht, und auch ich stellte weitere Versuche ein.*
3. *In einem Brief vom 28.12.1984 aus Heiligenhafen (von dort wurde ich Heiligabend ohne akuten Anlass nach Neustadt verlegt) ist von »gefährlich drohend gegen ein Mädchen vorgegangen« die Rede – es kann sich nur um eben die besagte Anlasstat am 16. April gehandelt haben!*
4. *Es kam zu keinen <u>verschiedenen</u> Auflagenverstößen (86–89).*

Letztendlich setzte ich langsam Ende 1988 die unverträgliche Medizin ab. Selbsterhaltungstrieb!! Dazu
und andere Unkorrektheiten des auf den 12.1.2001 datierten Gutachten bemerke ich schon vorhergehend.

Zur Stellungnahme vom 4.3.2002 (Dr. Hill):
A. Es hätte sehr wohl zur weiteren Erprobung etwa halbjährigen Phase (Jan.–Juni) kommen <u>können</u>*, wenn die Ansta*<u>ll</u>*t es gewollt und nicht sabotiert hätte!*
B. S. 9: Von einem »Vertrag« vom 24.9.2001 weiß ich nichts. Es gibt eine immer noch laufende Anmeldung beim Patentamt mit Unterstützung meines Betreuers (Druck-Hitze-Kälte-Tauscher/-Generator). Noch kann ich mich nicht als »Erfinder« betiteln.
C. Betr.: S. 17 bez. S. 18: Bin alleine fortgefahren. Ich kann verstehen, dass Prostituierten nicht zig mal am Tag Lust auf Sex haben, aber Geld kassieren, und es deswegen leicht zu Streit kommen könne. Ein Mitpatient hier in der forensischen Abteilung sagte mir, er sei hier, weil er eine Prostituierte würgte – So weit würde ich nicht gehen!!
D. Versuchte tatsächlich über meine Anwalt R. Funke, die Medikation fortzusetzen (Telefonierte Juli 2002 diesbezüglich mit meiner Stationsärztin, worauf ich mich dann selbstständig in Neustadt einfand, und bestraft wurde.
– siehe auch S. 30 »…, insbesondere bei fehlender Medikamenteneinnahme.«
E. Das Krankenhaus hält sich auch oft an Absprachen nicht (siehe Beschluss des Landgericht Lübeck vom April 1994 kontra Beschluss, bzw. Stellungnahme, LG Lübeck, später des gleichen Jahres) (Bin nicht freiwillig hier!!
Auch kam es nicht zur Kohärenz zwischen Dr. Hills Vorschlägen (Jan. 2001) und der Klinik. <u>Keine</u> *Absprache – kein Einhalten.*

Empfehlungen des Gutachters. Die Klinik sabotierte die Umsetzung und die drohende Entlassung.«

Bittere Pillen 02–04, S. 104: »Inzwischen weiß man auch, dass eine Reihe von Arzneimitteln psychische Störungen verursachen können.«
S. 101: »Manchmal verschwanden auch Personen in psychiatrischen Institutionen, die ganz gewiss an keiner psychischen Krankheit oder Störung litten, sondern einfach missliebig oder aufmüpfig waren.«

Dass es anscheinend nicht um die Gefahr von rechtswidrigen Taten geht, merke ich auch daran, dass man, entgegen mehreren Offerten von mir, keine Gen-Dokumentation (Test) anlegt, um Verdachtsmomente aufzuklären bzw. auszuräumen. In Verlängerungsbeschlüssen ist oft von »drei weiteren Ermittlungsverfahren« die Rede, wobei es sich eigentlich nur um vorhergehende leichte Diebstähle handeln könnte.

Kriegsdienstverweigerung, vormals lange Haare, Engagement in »Release e.V.«, dem alternativen Drogenselbsthilfeprojekt, das Haschisch legalisiert haben wollte, Alkohol noch eher kritisch sah und Therapien gegen harte Drogenabhängigkeit, statt zu kriminalisieren – bei den Grünen zur Volkszählung, wo ich auf den Etikettenschwindel der …»zählung« statt …befragung (Datensammlung) aufmerksam machte, mit meinem Konterfei in der Zeitung (Elmshorner Nachrichten).
Und den Paragraphen 15 des Patentgesetzes ins Gespräch brachte, der Zwangslizenzen vorsieht, »wenn die Anwendung im öffentlichen Interesse geboten erscheint«.
In einem Kreismitgliedsrundschreiben erwähnte ich das

»Balsaholzkompaktmaterialschiff«, das unsinkbar wäre (Leichtmassivschiff), dem Floß nachempfunden.

»Heiße Abgase durch Wasser leiten« – Wärmegewinnung und Filterfunktion z.B. gegen den sauren Regen.

Circa 1983 wurde auf NDR II mein Name im Zusammenhang mit Psychiatrie-Kritik erwähnt (»Treffpunkt für junge Leute mit Detthard Fissen/Musik für Außenseiter« [mittwochs abends].)

Jemand interviewte mich auf der Straße mit Mikrophon zum Thema: Robbenschlachten, worauf ich kurz angebunden die hiesige Haltung und Schlachtung bemerkte.

Dachte allen ernstes daran, mir hier eine Rikscha zu bauen oder anzuschaffen, damit städtische (Personen-)transporte durchzuführen, gegen Entgelt (hätte auch einen sportlichen Aspekt). Niedrige Unkosten. (Im Flachland.)

Aber auch bezüglich des Stimmenhörens habe ich mir gewisse Gedanken gemacht:

So wäre es nach meinen Physik-Kenntnissen durchaus möglich, zwei Signale (vielleicht, am besten) geradlinige sich kreuzen und damit überlagern zu lassen, Interferenzen (Störungen/Überlagernde – zwischen Auslöschen und Verstärken von Wellen), sodass nach ursprünglich unsichtbaren und unhörbaren Ausgangseinzelsignalen dann die Luft hörbar zum Schwingen angeregt wird. Im Treff- bzw. Kreuzpunkt.

Türklinken-Schalter:
(Alarm, Licht, Melder etc.)

Auch zwei Theorien möchte ich nicht verheimlichen:

Es wird eine (beschleunigte) Ausbreitung der Sterne, des Alls gemessen. Mit dem Auseinanderdriften verringert sich die Anziehungskraft, die der Bewegung entgegengesetzt ist. Das bedeutet, dass sich physikalisch immer mehr die Bewegungsenergie gegen die nachlassende Gravitation (Bremsung) durchsetzt. Es kommt zu einer Beschleunigung!

In der Frühzeit fanden unsere Vorfahren Dinosaurierskelette. Da die Erde damals nicht so umfassend abgeklärt war, dachte man wahrscheinlich, es gäbe »Drachen«, irgendwo herumgeisternd.

These: Die Gezeiten schlagen sich auch in Flora und Fauna nieder (inklusive Menschen).
These: Die Uhr dauerhaft lässt das Zeitgefühl verkümmern?

Ohne weiter die Patentgesetze aufzuführen (expl.: § 15 – Zwangslizenz) möchte ich folgende Voraussetzungen für ein Patent aufführen:
Es muss einfach sein.
Es muss eine Anleitung zum technischen Handeln sein.
Es muss einfach eine erfinderische Höhe aufweisen.

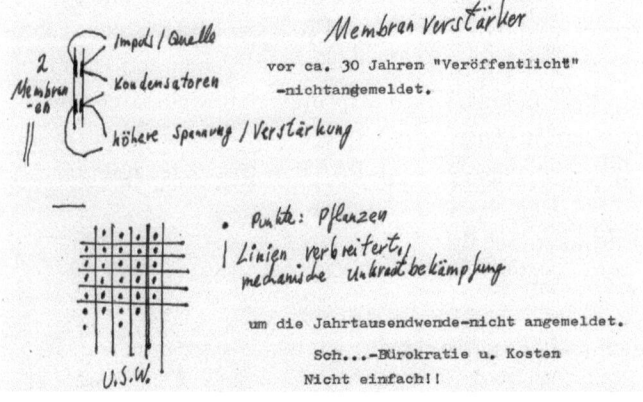

Möchte bezweifeln, dass die Fotosynthese und Assimilation noch nicht verstanden ist; Ansatz zur Energiegewinnung und chemischen Synthesen.
 Die Natur ist genial!

Ein paar Witze:

Brünetten-Witz: Treffen sich zwei Freundinnen mal wieder. »Du, ich hab gehört, dass du durch die Führerscheinprüfung gefallen bist – wieso das denn?«
 »Ich habe einen Geisterfahrer rechts überholt.«

Klagt ein Mann dem Arzt sein Wehwehchen. Der untersucht ihn gründlich und sagt: »Guter Mann, Sie sind vollkommen gesund – das bilden Sie sich nur ein.«
 »Dann verschreiben Sie mir bitte ein Placebo!«

Ein Mann in einem Geschäft zur Verkäuferin: »Haben Sie Kondome?«
 »Nein.«
 »Dann machen wir es eben ohne!«

Komik: (Versuch)
 Bismarckheringe gibt's nur in der 3-Meilen-Zone. Nur drei Meilen, da wär Bismarck beleidigt.

Ein Mann, ein Wort: Bier!

Wer schadet der Bank mehr? Der Räuber oder der Bankdirektor?! (Weiß der Meister.)

Gespräch unter drei Augen; verstehste?

Spaß beiseite, hier kommt der Ernst.

Das »wirkliche« Leben schreibt die besten Krimis oder die Tagesschau?

Den Frieden findet man auf dem Friedhof? Da sind Kriegs»spiele« immer noch besser als die Realität!

Sollen sich Robotersoldaten gegenseitig umbringen!

Und wenn man nicht etwas verstehen kann oder will, heißt es gleich verrückt!
    Und bekommt Stoff, aus dem die Alpträume sind.
    »Nobody knows You, when Your down and out.«
    Sisyphus redet nur Stuss. »Doof bleibt doof, da helfen keine Pillen!«

Statt »Geisteskranker« – »psychisch-krank« und statt »Vormund« – »Betreuer« ist oft nicht viel mehr als Kosmetik. Lasst euch nicht unterkriegen!
    Deutsches Reich, ääh, das reiche Deutschland. Und man wirbt mit hohen Preisen. Exklusiv – ohne mich!
    Mir tun nur die Leute leid, die sich nicht wehren (kaputtgemacht wurden) bzw. helfen können. Und Arme haben eine geringere Lebensqualität.

Zu meiner Schande muss ich gestehen, dass ich in jungen Jahren jemanden in unserem Freundeskreis, es hieß, er wär psychisch, auch nicht für voll nahm und mied. Ebenso ein Mädel. Der Gipfel war, als ich ein Pärchen besuchte, und die Frau mit einem sichtbar körperlich, geistig Behinderten weiß ich nicht, antraf. Ich ließ mich zu der Bemerkung hinreißen: »Was will der denn hier?« Im Tonfall verächtlich. Da bedrängte er mich, es grenzte an Kampf, ich blieb defensiv, weiß nicht mehr, ob ich mich entschuldigte. Nach einer Weile ließ er ab, und die Frau sagte noch, sie war Krankenschwester, sie hätte ihn mal aus dem Krankenhaus mit nach Hause genommen. Selbige meinte an anderer Stelle, dass ein Liter Milch alles, was der Mensch am Tag braucht, beinhaltet. Ich schwieg dazu, vielleicht braucht der Mensch auch Ballaststoffe.

Es gab in jungen Jahren irres Gerede von mir auf Droge; ich sei Jesus, möchte diesmal keine Jünger. Würde mit vier Leuten, selbst wenn sie mit Messern bewaffnet wären, fertigwerden. Wüsste, wenn ich Schmerzen hätte, mir Heroin zu besorgen (man könnte es als Versuch werten, mit so was zu handeln).

Früher geklaut wie ein Rabe, und es gab einige »kleinere« Betrügereien von mir. Dagegen, obwohl ich meist wenig Geld hatte, betrieb ich eine Art Opferkult in Sachen, Gutes auf den Sperrmüll, in normalen Müll (Hausmüll), verschenkte was und verramschte elektrische Geräte und Schallplatten, beste zum Teil, nur um mir Hasch kaufen zu können. Dazu ist noch zu bemerken, dass ich laut einem Gutachter gesagt haben soll, ich hätte bis zu fünf Gramm täglich konsumiert; nicht zur Nachahmung empfohlen.

Man hat wohl eine Vorliebe für Dramen!

Manches muss man nur oft genug sagen …

»Das Denken soll man den Pferden überlassen, die haben einen größeren Kopf!« Warum haben sie, bis hin zum Elefanten, eigentlich einen so großen Kopf? Große Mäuler müssen ja viel fressen; ist das alles? – und es gibt weiter, unverbesserlich, Hohlkopfschiffe!

»AutoD – nein, danke!« inserierte ich 1984, glaube ich in den »Elmshorner Nachrichten«, angesichts des Qualms/Drecks aus dem Auspuff von Dieselfahrzeugen. Im Übrigen spricht ja die Phrase mehr als das »Der Schornstein muss rauchen!« für sich. Das Wort Industrie im Englischen: beinhaltet »dust« (Staub) = Rauch (smoke), man dachte sich nicht viel dabei – sah es als Fortschritt an, nicht zuletzt als florierende Wirtschaft.

Noch was ganz anderes, einige verspotteten mich dafür, lief ich nach Entweichungen aus Neustadt bei meinem Vater auf, erhoffte mir Hilfe, verwies ihn auf das »Zeugnisverweigerungsrecht« bei Verwandten, vergeblich. Er, damals noch Multi-Millionär, hätte leicht die Möglichkeit dazu gehabt.
    Der alte Knochen soll verrotten.
    »Geld stinkt nicht« – aber ganz gewaltig.

Auf Biegen und Brechen, auf Gedeih oder Verderb ausgeliefert.
    Vater Ernst: Der raue Norden macht stärker. »Der Krieg ist der Vater aller Dinge.« »Not macht erfinderisch.« Die Temperaturen (kaltes Deutschland) führten zur Vorratswirtschaft, Kälte, Salz, Rauch und Zucker konservierten; entsprechend scharfe Gewürze in wärmeren Regionen, wer's noch nicht weiß. (Und woanders ist es zum Teil auch nicht wirtlicher.)

»Gegen Sie findet ein Kesseltreiben statt«, ein guter Bekannter in den Achtzigern. »Was sie mit dir machen, ist nicht in Ordnung«, Mitpatient S. – Mitpatient F.: Dass du nicht schreist?!

Es soll vorgekommen sein, dass Beschäftigte auf Intensivstationen Todeswetten machten. »Der macht es nicht mehr lange!« »Totgesagte leben länger! Wetten dass!« – (»nachgeholfen«).
 Der Bundesgeier kreist, bis das ganze Land verwaist.
 »Vulture-Culture.« Got that »shine-your-shoes-blues«.
 »Mr. Wichtig, du tickst wohl nicht ganz richtig!«
 Was willst' machen? Packst deine sieben Sachen, und lässt es mal wieder richtig krachen?! Missglückte Stunts sind die »besten« …
 Auch wenn es vielleicht den Anschein hat, ich gehe zu hart »ins Gericht«; so möchte ich auf den (»defensiv«) mörderischen »Nato-«draht verweisen, der u.a. zum »Schutz gegen Flüchtlinge« eingesetzt wird. (»Wahl zwischen Pest und Cholera«).
 Bob Dylan: »We're living in a political word, where peace is not really welcome at all!« … »A hard rain is gonna fall …«
 »… masters of war with you invisible guns.«
 »So I went to my dealer to look what he had; everything turned out bad.« God says: »Enough!« … »give me good stuff!« Capt. Beefheart

»Alle Menschen sind vor dem Gesetz gleich!« Einige gleicher!
 Das Paradeexempel schlechthin für eine gelungene Rehabilitation bzw. Resozialisation ist ja Uli Hoeneß, wie jeder weiß; nicht alle haben so eine Chance.

Und wenn man keine Arbeit hat, so macht man welche.

»Von wegen Lorbeermatratze!«

»Ohne Fleiß kein Preis!« – Ohne Preis kein Fleiß!

»Alles Gute kommt von oben!« – vielleicht ganz von oben …

Donald Trump: »I'm the best president God has ever created. (Kein Kommentar.)

Albert Schweitzer: »Das Glück ist das Einzige, das sich verdoppelt, wenn man es teilt!« (Geteiltes Leid ist halbes Leid.)

Aber Demagogen haben viele schon belogen. Manche hören sich nur selber gerne reden.

Und es gibt die Macht der Worte. (Wer's allen recht machen will, macht es [fast] keinem recht.)

Die Ärzte sollten sich lieber um andere kümmern bzw. nicht nur abfüllen! Wh.: Es gibt Doping und Downing.

Dr. (h.c.) zum Fahrer: »Fahren Sie bitte langsamer, wir müssen rechtzeitig ankommen!«

»Löppt sich alles trech«, het he (Vater) immer sech.

Die Hoffnung stirbt zuletzt.

Ärzte unter sich: »Ein Kopfschuss ist kein Beinbruch!«

Lost respect. Sogenannte Demokratie ist Parlamentarismus unter fin. Einflussnahme der Lobby dazu. Selber an die 10.000 Euro monatlich, andere, wenn überhaupt, 500.

Lag meinem Vater nur auf der Tasche. Er mal: »Du solltest Schauspieler werden.« (?) War sprichwörtlich verstockt, er »versohlte mir den Hintern!« Und wirklich über alle Maßen in der Kindheit.

1988: Zahlte er mir den vereinbarten Lohn, 5 DM die Stunde, nicht, obwohl ich trotz Medikamenten 8 Stunden am Stück bei der Heuernte auf dem Traktor saß. (Dr. H.: »Herr Haman stöhnt ja immer«/Dröhn.)

Jemand zog die Bilanz: Zehnmal häufiger Selbstmorde seit Einführung von Neuroleptika. In der forensischen Abteilung brachte ich am Außengitter, es gab Schiebefenster, ein Stromverlängerungskabel doppelt an, legte mir damit eine Schlinge um den Hals und ließ mich fallen. Blieb mit dem Po auf der Fensterbank hängen und überlegte mir das andere. Es gelang mir, mich zu befreien, und legte das Kabel wieder aus. Es war Gott sei Dank heil geblieben. Der Mitpatient sah vorne fern. Hatte tagelang Halsschmerzen, sie vergingen.

»Wir beobachten das!« Ein Dr. Frei nach dem Motto: »Suchet und ihr werdet finden!«: Eine Diagnose (oder mehrere). Und da ist man auch manchmal kreativ. Was feststeht: »Paranoia«.

»Was tun?«, sprach Zeus, »die Götter sind besoffen?« Mir gönnt man nicht mal einen Tropfen.

Stattdessen eine schleichende Vergiftung mit sogenannten Medikamenten (mit kurzen Unterbrechungen seit annähernd 40 Jahren). Hauptsache ruhigstellen (aber Beschäftigung bzw. Arbeit erwarten/fordern). Pfleger M. nach gerade mal zwei Sätzen von mir: »Wollen Sie mir ein Gespräch aufzwingen?!« So selten ich mich auch ausführlicher mit Pflegekräften unterhielt – eher Schach spielen. Die Visiten von Ärzten nannten wir »Express«, die Spitzen abtragen, abfertigen. Philanthropie – ein Fremdwort.

Inzwischen kann ich sagen, dass ich aus dem Alter (für Gewalttaten, »keine konkrete Gewalt ausgeübt« habe) raus bin, wenngleich es auch heißt: »Alter schützt vor Torheit nicht.«

Für wen hält man mich?! Pfleger Z.: »Dem traue ich alles zu!« Das kann jeder sagen. Anmaßend!! Fatal! Falsch verdächtigen ist strafbar (!).

»Manchmal verschwanden Personen in psychiatrischen Institutionen, die ganz gewiss an keiner psychischen Krankheit oder Störung litten, sondern einfach missliebig oder aufmüpfig waren.« (Bittere Pillen 2005–2007, S. 96) Und krank (gemacht) wurden.

Dr. D. zu einem Mitpatienten: »Sie waren Discjockey, da mussten Sie ja verrückt geworden sein!« Man spricht von einem Diagnose-Schema. »They locked me in … and threw away the key!«

In vielen psychiatrischen Kliniken schließt man Patienten ein bzw. aus. Tag- und Nachtbereiche oder Sonstiges und spricht auch im Zusammenmit mit BT (Beschäftigungs-Therapie) bzw. Arbeits-Therapie (AT) von »Struktur«, »… die Sie brauchen« (Dr. F.-S.).
Es handelte sich häufig um Industriearbeit, monotone stundenlang und sie wurde geringschätzig entlohnt.

Auch aufgrund der meistens permanenten Anwesenheit, zum Teil Inanspruchnahme von Mitpatienten und zeitweise Radio-,TV-Betrieb und/oder sehr lautem z.B. »Motörhead« (Lemmy is dead) war es kaum möglich, sich zu konzentrieren zum Schreiben. Dementsprechend fielen einige Briefe aus.

So bat ich einmal am Morgen zu der anstehenden Anhörung (reine Formsache), einmal im Jahr, den Pfleger um Aufschluss »meines« Zimmers zur Vorbereitung und Sammlung: vergeblich. Und der Doktor zieht gegen mich vor Gericht; die Sprache verstehen sie.
Apropos »falsch verdächtigen« betreffs auch die Ärzte (und natürlich mich in erster Linie). 1: schlechte Prognose (ohne Medizin). Das Eine ist die Diagnose, das Andere die Behandlung: Das Erstere bedeutet nicht unbedingt Medikamente, wo man ja noch nicht mal genau weiß, was sie bewirken. Prof. Dr. Michaelis, Itzehoe, sprach in diesem Zusammenhang von

einem »Experiment«! Und es gibt das Recht auf körperliche Unversehrtheit; im Grundgesetz! Und es gibt auch so etwas wie ein »Recht auf Krankheit«, vor allem da, wo der »Teufel mit dem Beelzebub« ausgetrieben werden soll. Vom Regen in die Traufe. Ich wiederhole mich: Das Stimmenhören fing bei mir erst kurz nach/bei der ersten Medikation mit Neuroleptika an, ganz abgesehen von vielen anderen »Neben«wirkungen, die ich schon beschrieb. Und möglich sind auch Spätschäden! Unheilbare! (Spätdyskenesien/Bewegungsstörungen).

Und es kann jeden treffen: Ein Attest bzw. Gutachten und man hat für den Rest seines Lebens »ausgesorgt«, denn Ärzte meiden Kollegenschelte (»wie der Teufel das Weihwasser«). Doktor-Doktrin. Bei (nahen) Verwandten bietet sich eine (psychiatrische) Diagnose förmlich an, was mir meine Schwester – mit meinen Dummheiten – als »Wegbereiter« unterschwellig (es klang an) nie verzieh, mir mit zuschrieb. In den sechs Jahren Neustadt, bis zu ihrem Tod, besuchte sie mich nur ein einziges Mal, und das in Begleitung. Und ein einziges Mal flüchtete ich zu ihr ins Elternhaus, wo sie vermutlich am nächsten Morgen die Polizei rief.

»Flucht ist nicht strafbar«, wird aber, wie viele wissen, sanktioniert. Bei »Normalen« verfällt die mögliche 2/3-Zeit, bei Patienten-Forensikern bei Ergreifung ist mit mindestens viermonatiger Unterbringung im »festen Haus«, Hochsicherheitstrakt«, ob man dabei straffällig wurde oder nicht, zu rechnen (Krankheitsuneinsicht). Es ist auch deshalb gefährlich, weil bei Medikamenteneinstellung diese abrupt fehlen; u.a. Schlaflosigkeit, Unruhe sind die Folge. Und man verspielt die Chance der Entlassung bei der nächsten, jährlichen gerichtlichen Anhörung; es sei denn, das Oberlandesgericht bzw. weitere Instanzen sehen das anders.